生活·实践教育系列成果

南京教育文库

慢养语文

贾卉 著

丛书顾问 周洪宇

丛书主编 刘大伟 张爱平

南京出版传媒集团
南京出版社

育文库

南京教

图书在版编目（CIP）数据

慢养语文 / 贾卉著. -- 南京：南京出版社
（南京教育文库）
ISBN 978-7-5533-4018-0

Ⅰ.①慢… Ⅱ.①贾… Ⅲ.①语文教学 – 教学研究
Ⅳ.①H19

中国版本图书馆CIP数据核字(2022)第239220号

丛 书 名：南京教育文库
丛书顾问：周洪宇
丛书主编：刘大伟　张爱平
书　　名：慢养语文
作　　者：贾卉
出版发行：南京出版传媒集团
　　　　　南 京 出 版 社

社址：南京市太平门街53号　　　　　邮编：210016

网址：http://www.njcbs.cn　　　　电子信箱：njcbs1988@163.com

联系电话：025-83283893、83283864（营销）　025-83112257（编务）

出 版 人：项晓宁
出 品 人：卢海鸣
责任编辑：崔龙龙
装帧设计：张　淼
责任印制：杨福彬

排　　版：南京新华丰制版有限公司
印　　刷：江苏凤凰通达印刷有限公司
开　　本：787 毫米×1092 毫米　1/16
印　　张：13.5
字　　数：180千
版　　次：2023年3月第 1 版
印　　次：2023年3月第 1 次印刷
书　　号：ISBN 978-7-5533-4018-0
定　　价：60.00 元

用微信或京东
APP扫码购书

用淘宝APP
扫码购书

不忘本来　吸收外来　面向未来

南京作为六朝古都，历史悠久，底蕴深厚，自古以来就是东南一带的政治、经济、文化中心。南北朝时期，宋文帝首开中国古代教育分科先河，在南京开设儒学馆、史学馆、文学馆和玄学馆，以分科的形式传经授道；梁代的五经博士以考试选拔人才，为隋唐科举制的实施奠定了基础。南京教育在明代更是达到了一个巅峰，不仅全国最高学府国子监设立于鸡鸣山下，且乡试、会试考场也设置于秦淮河畔的夫子庙，"天下文枢"也因此而闻名宇内。与官学相颉颃，私学在南京也有着悠久的传统，宋代的明道书院，明代的江干书院、新泉书院、崇正书院，清代的钟山书院、惜阴书院等，为学术思想的传承、学术流派的形成打下了扎实的基础。

民国以来，南京成为中西方教育思想汇聚的交融地，一大批本土教育家和海归教育家以南京为基点，加入了绘制中国近现代教育改革的蓝图大业中。张謇、沈恩孚、江谦、袁希涛、黄炎培、郭秉文、陶行知、陈鹤琴、邰爽秋、吴贻芳、俞子夷等一批学贯中西的教育家致力于南京教育的改革与发展，"生活教育""活教育"等教育思想在南京萌芽、丰富与完善，铸就了传承至今的晓庄学院、鼓楼幼儿园等一批教育实践的典型代表。这些源于南京的教育思想与实践以中国基本国情为基础，对西方教育思想与实践进行了创造性转换与创新性发展，走出了一条独具中国特色的教育改革发展之路，一改民初"仪型他国"的社会风气，也为随后很长一段时间的中国教育改革与发展指明了方向。如果说，北京是近现代中国思想变革的策源地，那么南京一定是近现代中国教育思想变革的策源地，也是中国式教育现代化的起源地。

"敢探未发明的新理，敢入未开化的边疆"，这是我对南京教育的一个直观看法。这既有陶行知、陈鹤琴等教育先辈们对我的影响，也有我与南京教育人交往后的感触。早在1982年，我因为编撰《陶行知全集》，就多次来到南京市晓庄师范学校、南京大学、南京图书馆查找资料，认识了一批南京教育界的朋友。近年来，由于工作的关系，我常常有机会参加南京的基础教育活动，也因此与百军局长、张生书记结下了深厚的友谊，对新时代以来南京教育的高质量发展有了深厚的感悟。在学前教育普惠优质发展方面，南京普惠性幼儿园覆盖率达89%，优质园覆盖率达92%，率先全市域创成"江苏省学前教育改革发展示范区"；在义务教育优质均衡发展方面，南京义务教育优质资源覆盖率达98.6%，学校标准化率保持在100%，率先全市域通过"全国义务教育发展基本均衡县（市、区）"评估；在高中教育多样特色发展方面，南京整体规划和建设学术型、特色型、综合型普通高中，实施高中布局优化行动计划，全市达省定三星级以上的公办普通高中比例达95.5%；在特殊教育融合优质发展方面，南京建立了特殊教育工作联席会议制度，建立起从学前教育到高等教育全纳性的现代特殊教育体系，实现了全市所有街（镇）学前、义务教育阶段学校融合教育资源中心全覆盖。

南京教育能够取得如此优异的成绩，既有教育行政部门在方向上的正确指引，也有每一位普通南京教育人在岗位上的默默付出，因而我们既要关注教育宏观问题，也要关注微观上每一位教师、每一件事、每一个孩子。2022年1月，我的学生大伟从南京晓庄学院调任南京市教育科学研究所主持日常工作，我建议他既要在宏观上发挥市教科所作为教育智库的功用，也要关注到学校的内涵发展，更要关注到每一位教师的专业发展，因为教师的发展是学校发展的基础，只有教师发展好了，学校才能发展，而最终指向的必然是孩子的发展。因此我提议他能否整理出版一套"南京教育文库"，通过文库工作推动一批专家型教师梳理提炼教学主张、教育理念和学术思想，以时代为观照，立足南京教育实际，解决中国教育问题，推进南京教科研在知识创新、理论创新和方法创新上不断传承与发展。大伟很快邀请了南京一批名特优教师参与"南京教育文库"的编写工作，并规划了持续长达8—10年的发展计划，其中包括了写作指导、出版、评奖、宣传等全方位的保障体系建设。这一宏大体系建设还得到了顾明远先生的肯定与点赞，并欣然赐予墨宝"南京教育文库"六字。

"南京教育文库"的提出与推进，对于基础教育界具有非同寻常的意义，具体我认为有以下几点价值：

第一，独特性。毋庸置疑，每一个城市的教育发展都有独到之处和自身特点，但南京的教育发展与其他城市相比，其特点更加明显、风格更加独特。在江苏提出率先实现教育现代化的进程中，南京确立了"加快建设现代化教育强市、以高质量教育支撑高质量发展"这一战略目标，更加自觉地坚持教育优先发展、科学发展、创新发展。南京教育的主要发展指标已达到或超过OECD（经济合作与发展组织）发达国家和地区的平均水平，教育现代化水平连续六年获江苏省第一，在省对设区市政府履行教育职责考评中连续三年位居江苏省前列。可以说，南京教育在江苏省甚至全国都具有标杆性的独特作用。而如何将这种独特价值展现出来，"南京教育文库"的编撰正好起到了这一作用。这套丛书通过挖掘梳理南京教育的内涵，将南京教育的独特做法与经验理论化和系统化，既是对南京教育光辉历史过往的追溯与总结，也是对南京教育未来的期待与展望，更是可以成为中国教育改革与发展的地方样本。

第二，人本性。人的发展是教育的出发点和归宿，人的活动是教育的核心和关键，这是我近些年来提出的教育活动史的一个重要观点。教师是教育发展中的人，我们各级教育行政部门应该给予他们更多的关注与关心，特别对于一批具有典型性和代表性的教师，我们应该提供各种条件帮助他们总结、凝练、宣传、推广他们的教育理论与实践。就我所知，目前国内还尚未有类似的丛书出版。南京市教科所率全国之先，关注教育活动中的人，为教师的研究提供物质保障和学术指导，帮助他们在研究中发展，在实践中成熟，在推广中完善，可谓真正地将教师置于教育活动的中心地位，实现了以人为本的目的。

第三，开放性。对于这套丛书的设计与出版，我跟大伟提议，除了考虑名特优教师的教育思想总结与凝练外，还要在未来考虑对青年教师的支持，特别是要支持一批"学带""优青"等具有基础的青年教师。南京教育近年来提出了如"宁教杰青"等一系列教师培育计划，我想我们的工作在未来还要吸收这样的教师参加"南京教育文库"的编写工作，加快对青年教师的培养速度。在学段上，我建议他要综合考虑各学段人员的配置，中学、小学、幼儿园各学段教师都要涉及，还要考虑在教师发展中心、教研室、教科所等单位工作的人员，更要考虑在学校管理岗位有丰富经验的教育管理者，这样就可以让我们这项工作更加开放、更加多元。

第四，持续性。南京教育的发展历史是一个整体，我们要做到不忘本来，吸收外来，面向未来，既要思考南京教育从哪里来，也要想好往哪里去，更要做好走向的持续性。因而对于这套丛书我还是有一个期待的，期待这套丛书能够持久地做下去，做成制度，做成系列，做成品牌，让更多的教师参与其中，享受到教育改革发展的红利，并在这项工作中得到发展、得到进步。我还希望将来"南京教育文库"能够借鉴"教育智库与教育治理50人圆桌论坛"的思路，形成一支队伍、一项制度、一套丛书、一个论坛、一个品牌的"五个一"发展思路，为南京教育的高质量发展注入持续不断的动力。当然，我也知道为了这套丛书的出版，大伟费尽了心思，他跟我说他要以陶行知办学的事迹为榜样，四处化缘筹措出版经费，找寻出版社确保进度，策划高级别平台宣传，以及筹划、参与各级各类评奖。我希望他能够保持这种工作激情的持续性，将这项工作一直做下去，实现陶公所说的"为一大事来，做一大事去"的理想目标。

合抱之木，生于毫末；九层之台，起于累土；千里之行，始于足下。"南京教育文库"的出版在不久的将来必然会成为中国教育界重要的一棵"合抱之木"、一座"九层之台"。我也衷心希望参与到文库编写工作的同志们千里之行，永不停歇！

是为序。

周洪宇

2022年11月22日

于武昌东湖

（作序者系第十三届全国人大常委会委员、湖北省人大常委会副主任、中国教育学会副会长、中国教育发展战略学会副会长、长江教育研究院院长、华中师范大学国家教育治理研究院院长，博士生导师）

目 录

绪　论 / 001

导　读 / 001

第一章　以慢养语文滋润学生核心素养

一、缘起：慢养语文滋润学生核心素养的寻根溯源 / 001

（一）追现实之本，溯源慢养语文产生的心路 / 001

（二）追历史之本，溯源慢养语文宏大的背景 / 002

（三）追大家之本，溯源慢养语文的人文滋养 / 005

二、内涵：慢养语文滋润学生核心素养的本质要义 / 007

（一）厘清"慢养语文"的内涵边界 / 007

（二）慢养语文滋润学生素养的本质要义 / 009

三、内容：慢养语文滋润学生素养的体系建构 / 011

（一）多维建构，呈现慢养语文体系 / 011

（二）融入实践，陈述师本课程内涵 / 012

四、特征：慢养语文滋润学生素养的特质彰显 / 014

第二章　慢养语文理念下的国家课程师本实施研究

一、理念：国家课程师本建构的主旨导向 / 017

（一）以文化人，落实语文课程立德树人的根本任务 / 017

（二）润育素养，扎实提升学生的核心素养 / 018

（三）变革方式，在综合实践活动中学语文 / 020

二、策略：精品深读，引领文本多面的阅读 / 021

（一）文本细读，在浅斟慢酌中品读、体味 / 021

（二）深度学习，在静水深流中讨论、深入 / 025

（三）融合学习，在水乳交融中探究、丰富 / 028

（四）凝神听读，在反复朗读中回味、辨析 / 033

（五）精准问题，在潜心会文中批注、涵咏 / 038

（六）读写结合，在语言探寻中发现、实践 / 042

（七）课内习作，在明晰要求中创想、表达 / 045

三、样态：国家课程师本实施研究的实践样例 / 049

第三章　慢养语文理念下的师本课程多维建构

一、理念：慢养语文课程师本建构的主旨导向 / 091

（一）新课程改革带来语文课程的新变化 / 091

（二）现实中学生的阅读状况 / 093

（三）现实中教师课外阅读指导状况 / 095

二、实施：慢养语文课程师本建构的有效实施 / 097

（一）"名家散文朗读"课程的建构与实践 / 097

（二）"流连文言"课程的建构与实践 / 105

（三）"整本书阅读"课程的建构与实践 / 112

（四）"主题写作"课程的建构与实践 / 122

三、样态：慢养语文课程师本建构的实践样例 / 134

（一）名家散文阅读实践样例 / 134

（二）流连文言实践样例 / 148

（三）整本书阅读实践样例 / 152

（四）评价：慢养语文课程评价的混合多样 / 158

第四章 以慢养语文润育终身阅读者

一、境界：慢养语文润育终身阅读者的卓越追求 / 165

　（一）精选书籍，让学生具有高品位阅读成为可能 / 166

　（二）融入生活，让阅读成为学生生活的一种需求 / 168

　（三）建构体系，让进阶阅读实现帮助学生的成长 / 170

二、视角：慢养语文润育终身阅读者的主体担当 / 173

　（一）师者即仁者、思想者和示范者的合体 / 173

　（二）学生自觉自省，走向终身阅读的规划者、行动者和发展者 / 175

三、智慧：慢养语文润育终身阅读者的个性体悟 / 180

　（一）在自主阅读中润育学生的个性体悟 / 181

　（二）探寻体现个性的智慧阅读体悟方式 / 183

　（三）创建"互联网+慢养语文"智慧阅读体悟平台 / 187

参考文献 / 191

后　记 / 195

慢养语文　厚积落叶听雨声

做慢养语文课程，需要什么？我可以说出很多，但是慢养语文真正需要的是爱，是情怀，是耐得住数十年如一日的寂寞，是一份只为学生发展而义无反顾地热忱与付出。因为学识可以通过再学习丰富，经验可以通过时间再累积，但是为此愿意付出时间和精力，愿意进行思考与实践的意识与行动却只能是发自内心，情动于衷的。唯如此，慢养语文课程才能坚持做下来，才能做出成效。

慢养语文课程，不是只做某一个方面的课程，而是长年累月做能够给予学生全面滋养的系列课程。说实在话，凭借一己之力做一个语文较为全面的课程，确实太难了。无论是坚持性还是个人知识结构都存在客观困难，有时我甚至觉得有点蚍蜉撼大树，力不从心的感觉。但是我想我们做教育，教语文面对的是人，是一个个未长大的、有待发展的人。全人的发展需要我们具有宏观视野，长远眼光，需要我们具有整体规划学生全面发展的意识，需要具有根与源的意识，而不只是在"器"与"技"上，在一时得与失上考量。其实我何尝不知道，也许只研究一个课程，切口小，精力集中，力有所逮会更容易出成果，但是我更知道学生的全面发展从来不是以教师个人的成就来实现的。他们需要的是全面的均衡的营养，他们需要精神的成长，需要阅读与表达的携手并进。他们发展的黄金期也是有时间效度的，稍纵即逝，时不我待。认识到这一点，我对自己最初的鼓励是"先做起来，做中学，学中做！"如果只是在想做与准备做之间徘徊，只是在权衡成功与失败上浪费时间，那么耽误的将是学生的发展，而我没资格耽误，也不敢耽误。于是，虽然有点贸然，但我还是斗胆开始了尝试。令我没想到的是这一尝试就是近三十年光景。从课堂中教材的深度学习，关联多面的拓展教学到整本书阅读、名家散文朗读，到诗词、文言文，再到主题习作，有时还做一点电影欣赏，项目化研究，一步步建构，一步步实践，一步步完善。从一开始完全凭着热情和喜好，到慢慢有了理性思考，有了整体规划，有了整体建构课程的意识与行动，有了实践，有了反思与总结。"当时只道是寻常"。现在回望，有点心有余悸，有点心潮澎湃。我想，能鼓舞我一直做到今天，甚至越做越有信心的最大动力应该就是我看到了我的学生一届比一届出色，不只是纸笔竞争考试的优异，更欣慰的是他们身上的那股书卷气，班级那种积极的明朗的向上的精气神。还有一届届学生、家长们真诚自发地反馈、留言。

2004年的学生家长曾给我电子邮件：

贾老师您好！

儿子已经高三了。昨天儿子的语文作业题目是："今天是感恩节，我想，我最要感谢……"儿子是这样写的："今天是感恩节，我想，我最要感谢小学时代教过我的贾老师。是她，让我们看一本又一本的课外书，让我们开读书交流会，让我们提前步入了文学的殿堂。是她，让我们读、背、抄了数不胜数的古诗，让一首首不朽的诗篇伴我们成长。在感恩节这天，我要对老师说上一声"谢谢您，老师！"。

我也跟您说一声："老师，感恩节快乐！"

顾天琛妈妈

2006年学生何若樵妈妈说：三年的时间不长，贾老师的语文教学，不疾不徐，不只为完成教学考试，更是一种无声的滋养，在教孩子们学习一项在更长的人生中，可以愉悦自己的方式：阅读和书写！作为家长，即便孩子离开了小学，现在已经工作，我一直默默关注着贾老师的语文教学，多年来，教学形式已经有了不少变化，不变的是，贾老师始终引领着孩子们徜徉在中国文字的海洋，体会和学习着中华文字、文学、文化的魅力，谢谢贾老师多年的付出！

2009年教师节第二天，我刚走进教室，所有的学生都大喊："老师，你看！"小手一起指向黑板。转头一看，我忽然有泪想流。在黑板的左边，用彩色的笔精心地写着这样几行字：

贾老师：

我们爱您！我们来看您了！"桃李不言而成蹊"，祝您快乐！

form

曾经的（6）班全体同学

2012年学生顾祺润收到录取通知书后，留言给我：贾老师，谢谢您！慢养语文的学习为我丰厚了语文的底蕴。是您让我将语文真正视为了一种语言，而不只是考题。今年我顺利进入了上海交大医学专业硕博连读。谢谢您！

2015年学生苏翊琳妈妈给我留言：贾老师，现在回忆，您给了能够滋养孩子一生的积淀。太谢谢您了！特别记得您的古诗学习从一年级就开始根据节气、节日、季节、花期、景色……不同的主题分类背诵，还有飞花令、诗会、朗诵比赛等各种形式的活动复习。女儿的语文学习如今如鱼得水，谢谢您！

2022年已经升入中学的笪雨竹妈妈说：语文素养不是一朝一夕的功夫，甚至功夫在诗外，感谢您"慢养语文"的养护。在孩子的小学阶段，在最最珍贵的孩童时代，以写话、诗词文言，文集，阅读……教会他们发现美、觉知爱、敏感于四季、感悟生命悲悯，从而塑造修养和人格。

每次收到这样的留言，我都很感动！这些经历了时间检验的感言还有很多，我很珍惜，也益发坚定了一直做，继续做慢养语文的决心。学生能够获得全面的发展是慢养语文课程追求的唯一目标，也是终极目标。

慢养语文，做语文人该做的事。慢养语文成了我——一个语文人矢志不渝的追求。虽然囿于个人的学养，这本书撰写之初我并没有什么信心，但是我想其实我只需要把这么多年自己怎么想，怎么做的写下来即可。也许理论会有欠缺，课程会不那么完美，但是每一个完美都是从不完美中而来，何况从现实层面上说，我认为的这种不够完美的课程却实实在在地滋养了太多学生，受到了学生家长的高度好评，并趋之若鹜。而从哲学层面上说，这世界又哪有什么完美的东西。如果不写下来，不共享给感兴趣的老师，我就永远不知道我的这些思考、建构与实践会不会对老师们有所启发，也就永远得不到老师及专家们的改进建议，得不到让慢养语文臻于完善的一种可能。因此，我想我需要对我的慢养语文做点阐释。阐释的过程就是具体化的过程，也是深刻化的过程。想定了，于是我开始了艰难的撰写，并力图把我的慢养语文阐释得丰富和到位。

当然，我深知慢养语文的实践与完善还前路漫漫，在未来的语文教育生活中，我希望自己能继续以发展学生的核心素养为目标，不失上下求索的精神，用一颗寻常的心，"马识落叶听雨声"，追求做好这件语文的寻常事。

2022年10月7日下午于云林小隐

慢养语文：主题定位的关键理由

在我而言，慢养语文的主张提出较迟，但是行动很早，想来应该有近三十年光景了。一开始想到引领学生过一种慢节奏的语文生活主要是源于自身语文学习的经历，是一种比较感性地引领。回忆自己的语文学习生活，从记事起感觉就一直在读书，各种各样的书，没有规划，什么都读。记得初一开学不久，我这个不善言辞的学生竟然被语文老师指定为课代表，理由是开学摸底的一篇作文我得了年级第一名的成绩。凭着大量的阅读，我学生时代的语文学习生活一直很美好。很多美好来自我的语文老师的肯定和偏爱。师范的学习生活如今想来，母校木质的小二楼图书馆是我最美好的记忆，没有之一。在那里，我如饥似渴地读，如饥似渴地摘抄。这样的经历让我一直坚信大量读书是学好语文唯一且美好的途径。这样的经历也让我在做了老师之后，总想带领学生读点什么。于是，一个刚走上工作岗位的年轻老师纯粹从感觉出发就开始带着她的学生走上了共读整本书之旅。后来做得久了，开始有了理性审视，全面建构的思考，然后又有了自选自编师本课程的想法。就这样，近三十年来我一直在慢慢摸索，慢慢前行，孜孜不倦地在做。一路遇到过很多困难，也收获过很多感动。如今，蓦然回首，我看到一届届学生卓越地成长，一个个学生家长充满真情地反馈，联想起如今的语文课程改革所提倡的理念与我的这一做法有很多不谋而合之处，比如对学生精神生活的关照，对传统文化的重视，整本书阅读等，才惊觉这些思考与实践其实是可以总结总结，分享分享的。于是在2016年我梳理了这么多年和学生一起所度过的语文生活内容，慎重提出了"慢养语文"的主张。这一主张的提出经历了一个漫长的时间思考，漫长的实践洗礼，经历了一个由演绎到抽象的思维过程，是建立在先做后总结的基础上的，因此它具有一定的成长意义和实践意义。尤其在今天这个时代的改革背景下，这一主张更是凸显了它的前瞻性和全面综合育人的思想价值。

一、落地语文课标新意的应然选择

慢养语文遵循着2022版《义务教育课程方案》和《义务教育语文课程标准》（以下简称新课标）的新旨向。

首先，慢养语文是在以文化人的思想指导下把握了学习内容的育人价值。《义务教育课程方案》的"指导思想"里开篇就明确指出"遵循教育教学规律，落实立德树人根本任务，发展素质教育。"在"主要变化"里又指出关于课程标准一个主要的变化的就是"强化了课程育人导向。""基于义务教育培养目标，将党的教育方针具体细化为本课程应着力培养的核心素养，体现正确价值观、必备品格和关键能力的培养要求。"而在新课标"课程理念"的第一条就是"立足学生核心素养发展，充分发挥语文课程育人功能。"在接下来的阐释中，第一句话就表达了立德树人是语文课程的根本任务。"文以载道"是中华文化的一个传统，那么如何在语文课程中很好地挖掘出思想教育的内涵，探索语文课程中的育人功能呢？"以文化人"是一份情怀，是一个思想，也是达成语文课程立德树人的一种策略。这一思想重要的就是一个"化"字。"化"在这里是浸润，是润物无声，是春风化雨式的教育。"化"在这里也是一个过程，它遵循着人的发展是一个过程的基本思想，用一篇篇经典文本在学生成长的不同阶段悄无声息地，日复一日地去培养，去塑造一个个"有理想，有本领，有担当"的时代新人。慢养语文，"慢养"本身就是一个过程。用不同体裁，不同题材的经典，给学生一段时间的过程，接受的过程，化育的过程。让思想启迪思想，让语言滋养语言，让人格影响人格。而这需要我们慢下来，需要我们在慢下来的时间里，精选文本，精心设计，充分利用这一载体去化育，去濡养学生。

其次，慢养语文立足在整体建构中充分发挥语文学习的综合效应。慢养语文是站在成就学生精神与素养双重成长的高度提出的，因此它需要教师整体建构学生课内课外的语文学习内容，建构独具特色的师本课程。这一课程的建构需要充分了解学情，客观分析教师本人的知识体系，多方大量地进行自我学习完善，与此同时还要着手创造性地进行教材的整合，留出充足的时间去落实师本课程的学习内容。慢养语文的师本课程遵循国家课程的基本结构，选取了阅读与作文两个大的版块设计了相关课程内容。这一师本课程的最大特色是阅读与作文体量化、规律化地齐头并进。比如，诗歌积累课程，它不是间歇性地开展，而是每周每月每学期以相同的节奏推进积累，定期评价。具体说，比如，三年级时，我们每周一首，周二晚上布置，周三检查，周末没有，但是在寒暑假、国庆、中秋这样集中性的假期里会一次性集中选择一定的量，以讲义的方式发给学生，在带领学生疏通之后要求背诵，并在开学后不定期检查，直到全部过关。与此同时，其余课程也在相应地有规律地开展中，只是与诗歌课程开展的时间不同，频率不同。这样不同体裁，不同题材地交错学习、阅读，学生可以始终处在一个浓厚的语文学习氛围中，可以沉浸式地从密集的不同的学习材料中不断获取不同的营养来综合滋养自己的精神，丰厚自己的底蕴。

最后，慢养语文是在立足生活的基础上创意设计典型的语文实践活动。有人说"语文就是生活"。美国著名教育家杜威说"教育即生活"。如此看来，其实我们是不是可以这么说，连接生活这个大课堂，真正将语文的学习立足生活，那么我们就做好了语文这件事，类推也就是做好了教育这件事。正是这样的思想指导，慢养语文的学习践行着立足生活学语文，努力地创意设计典型的鲜活的语文实践活动，让学生能够在真实情境中学语文、用语文，从而大大地提升了他们学习的兴趣，让他们品尝到了成就感带来的身心飞腾般的愉悦感，继而产生继续学习的内驱力。

二、聚焦语文学科育人的创生探寻

慢养语文需要过程，人的发展也必须经历过程，因此它应该是一个沉浸涵育的过程。语文学习中无处不在育人，恭恭敬敬写汉字是一种育人，浅斟深酌读文本是一种育人，信手拈来写作文也是一种育人，包括交流分享也是一种育人。慢养语文中的育人追求是更潜质的，更人文的，仿佛细水长流，又如静水深流。首先，教师会在整体建构单元学习内容中结合单元目标，重组单元内文本学习顺序，学习时长，将典型课例作深度解读，经历自我对文本的解码和解释过程，发现文本的内在价值，精当训练要点，精心设计学习实践活动，精准文本育人的关键。这是"慢养"达成的关键过程。"慢养语文"需要教育的情怀，然后才能愿意付出更多时间，更多研究与实践。只有教师完全经历了学生学习的过程，才会更加懂得学生学习经历中的困难所在。这样，教师才会以一颗更包容更理解的同理心去和学生一起面对困惑，智慧设计活动，引领讨论。而这本身就是一种难能可贵的育人过程。

其次，学习中教师会在自我学习的基础上让学生的学习过程更丰富，更迷人。教师和学生一起深学细聊，用心学法指导，让学生在文本情境中慢慢品味，在语文实践活动中慢慢领悟，真正让他们不断尝试在真实情境中解决真实问题。这个过程不仅是品读领悟一词一句的精妙，一章一法的精巧，还有纵观全文，走近作者，体验作者创作心路的历程。理解作者写了什么，这是知识层面的，深入理解作者为什么而写才是心灵的、情感的。我想，这应该是更深层次的具有学科特色的育人。因为在这一过程中，学生会经由文本获得某种与作者的情感共振，既有显性的或是得遇知音，或是由衷钦佩的欣喜，作为学生，更有隐性的化育价值。

最后，拓展与文本关联度高的横向或纵向的课外经典资料让学生对照教材一并学习阅读。慢养需要时间，需要阅读的宽阔，需要阅读量的累积，因此拓展课外阅读是慢养语文的有效途径之一。拓展阅读秉承"得法于课内，得益于课外"的初衷，彰显学与用的水乳交融。在这过程中让学生慢慢去积累丰厚，培养语感，领悟文本表达技巧，并力求从中获得审美的愉悦。

这样的创生探寻其本质意义就在于解放学生，让他们能够自由自在学语文，让他们的思维能挣脱束缚，自由驰骋，让他们的语言与思维纵横捭阖，汪洋恣肆。这样的创生探寻其独特的优势就在于让学生的认知与精神世界多元澄明。

三、彰显语文特色课程的师本建构

慢养语文是需要量的积累的，阅读的量，方法的量，实践的量，写作的量，等等。量变才能产生质变。当然量的积累是需要教师高位引领的，需要教师对语文学习的整体建构。这种建构不是一个单元，不是一本书，而是至少是以一个学段时间为单位的，以提升学生核心素养为目标的整体建构。

在长期的研究与实践中我为学生建构了一个厚积言语经验、习得言语智慧、修炼言语人格的体系。其内容主要包括：多面关联的教材拓展学习；名家散文的阅读赏析；流连文言的阅读积累；丰富多样的诗歌学习；整本书阅读以及主题文集的编撰。

多面关联的教材拓展学习主要指向课内外的显性连接，在新课学习中或学习后关联课外相关经典文本的学习。这些文本需要教师提前精心选择，找到相似点，不同点，在课堂相应的时间与空间中放手让学生读一读，想一想。长期这样的拓展与扶放结合的学习方式运用，既可以拓展学生的阅读面，同时也让学生能及时迁移所学方法，及时巩固，为进一步形成能力提供助力。

名家散文的阅读赏析、文言文与诗歌的阅读积累这三门课程主要是丰厚积淀，培养语感。在实践中，具体的阅读积累内容完全依靠教师利用业余时间进行大量阅读，精心选择，并编印成册，以供随时使用。具体使用的时候，学生拿到的只是一篇一篇的学材，这样既可以保证选文质量，激发学生对一篇篇选文的兴趣，同时也给了教师完善修正的时空。这么多年实践下来，在学生小学六年持续性地学习结束后，他们基本可以完成100篇散文的阅读交流，450首古诗的背诵积累，110篇左右文言文的理解阅读与背诵。其中诗文包括新课标要求的160篇（段）优秀诗文。

"整本书阅读"是新课标唯一系统增加的学段要求。她要求学生在小学六年的学习结束后须完成不少于145万字的课外阅读总量。我的这一师本课程结合新课标要求和教材中"快乐读书吧"的整本书推荐整理出了一套小学六年整本书阅读的书目，并有计划地按照学段与学情，以平均一月两本书，一本必读，一本选读的量推荐给学生。为了推进阅读我尤其关注过程性激励与跟踪，设计了丰富多样的活动。阅读结束后我还会开展各种形式的汇报交流活动，力图让每一本书的阅读都能落到实处，着实拓宽学生的阅读面，激发学生阅读整本书的热情，丰富他们的文化底蕴，培养他们的语感。

主题文集的编撰指向的是学生表达能力的培养。我们会在不同学段设计不同的主题，有的结合生活中的节日，比如母亲节；有的结合二十四节气，比如清明；有的结合班级现象，比如给同学起绰号；有的结合学生的活动，比如童年游戏；有的记录某一段生活，比如表情生活，等等。然后做出方案，给出不同的要求，题目主要是命题，半命题和自由命题三种形式穿插编排。完稿之后要求给文集命名，进行封面装帧，并给自己的文集准备序言，可以邀请父母写，同学写，也可以自己写。最后进行班级评比，展览，给予相应的奖励。

慢养语文"慢"在用心、精心、潜心和恒心，"养"育精神、人格、知识与能力。慢养语文最终指向提升学生的核心素养。

第一章　以慢养语文滋润学生核心素养

一、缘起：慢养语文滋润学生核心素养的寻根溯源

（一）追现实之本，溯源慢养语文产生的心路

慢养语文这一主张缘起于很多方面。我想最直接的应该是面对现实困境，本人的试图突破。我无意于批评，但是需要思考，也常常会在思考中彷徨。现实的语文学习很多时候让老师们不知所措。很多年前，"卷"只是一个普通到无人注意的单音节词，可是如今，人人怕"卷"，却又人人都在飞蛾扑火般地"卷"起来。这样的"卷"带来的势必就是"快"，就是"满"，就是失去心灵体味的"忙"。面对这样的时代，语文教育没有也无法做到独善其身。

一直以来，我们对语文学习的反省都会把目光停留在课堂，可是我觉得课堂固然需要反省，语文学习的整个生态才是需要反省的重点。多年来，在与学生、家长的接触中也总是会听到他们这样的抱怨：在语文上花费的时间最多，可是语文成绩却始终不见提高，收获太少。可悲的是这不是一个两个人的抱怨，而几乎是全部。剖析这一抱怨，我们会发现问题：在语文学习上学生花费的那么多时间用在了哪里？收获具体指什么？剖析过后，我们（家长和老师）都需要自问：你能给孩子提升语文素养多长的周期？在与学生、家长不断地交流中我们会发现，所谓最多的时间主要用在了这几个方面：阅读与作文的课外辅导班、听写词语、抄写课文和做各种语文辅导资料上。而收获仅仅指语文考试的分数。了解了这些，我们便不再奇怪为什么收获最小。花费这么多时间学习这样的语文内容，这本身就与语文这门课程的特点、规律是背道而驰

的，因此其结果只能是付出与收获的不成比例，甚至南辕北辙。

语文教育界曾经也有过差不多的自问：学生在校学习语文的总课时最多，可是学生竟然依旧写不好作文，做不好阅读，原因何在？为此全国上下有过热烈的讨论。这样的反躬自省，不断促使我们思考、追问：

语文的学习是单纯做题可以解决的吗？

语文的人文性，语文课程立德树人的根本任务是做题可以完成的吗？

培养敏锐的语感有效的途径有哪些？

思维能力的培养在课堂中如何落实？

于见识母语的博大精深中树立文化自信，如何才能做到？

习作能力如何提升？指导和讲评孰轻孰重？

传统文化的学习与拓展时间从哪里来？

语文课程中的拓展性学习怎么才能做到有度，适宜？

怎么解决学生不读书的问题？

怎么解决学生年级越高，分享越惰性的问题？

怎么激发学生学习语文的热情？

怎么改变家长的语文教育理念？

怎么培养学生良好的阅读习惯？

怎么才能让老师有时间去从容阅读，积极教研？

整本书阅读如何有效开展？阅读书目如何选定？

……

想得很多，甚至没什么章法，但是正是这些不断生发的思考与一个语文人的担当，让我不断想去探寻提升学生核心素养的路径，丰厚学生语文底蕴的路径。

（二）追历史之本，溯源慢养语文宏大的背景

追溯慢养语文主张的历史渊源会让我们不由去回望我国漫长悠远的教育史，去回望每一个时代那些汉儒大家的成长史。他们的成长史就

是一部阅读史，一部背诵史。四书五经，经史子集，一本一本，一部一部，他们从开蒙之初整本书整本书阅读、背诵，不急不慢。十年寒窗里他们用这样从容不迫的学习将自己丰盈，于是才会有"一朝成名天下闻"的惊人学识。我国第一部教育专著《学记》多处阐释了循序渐进，慢慢濡养这样学习历程的重要性。"比年入学,中年考校。一年视离经辨志,三年视敬业乐群,五年视博习亲师,七年视论学取友,谓之小成;九年知类通达,强立而不反,谓之大成。夫然后足以化民易俗,近者说服,而远者怀之,此大学之道也,记曰:'蛾子时术之。'其此之谓乎"①七年为学问，方才"谓之小成"，九年才可"谓之大成"。此九年非彼九年，以《学记》成书的时间记，那时人的寿命与今天真是不可同日而语。那么九年化用到现在是更长的时间，更广的空间，更多的学习，更精进的学识。唯有经历时间沉淀的阅读学习，唯有不断反刍消化，学用结合的学习才会"是以虽离师辅而不反。《兑命》曰:'敬孙务时敏,厥修乃来。'"②《学记》又云："今之教者,呻其占毕,多其讯言,及于数进而不顾其安,使人不由其诚,教人不尽其材。"③它告诫我们教学如果只是一味求讲得多，一味求教得快，就会"虽终其业,其去之必速"。因之感叹"教之不刑,其此之由乎！"④反其意，其实是循循善诱地让我们明白教育要慢慢进行，要改"讲得多，教得快"为让学生学，让学生沉浸，让学生主动学，学得宽裕，学得丰富沉醉。在这样从容的时间里慢慢熏陶，慢慢濡养，真正做到"故君子之于学也,藏焉、修焉、息焉、游焉。夫然,故安其学而亲其师,乐其友而信其道"。⑤

　　《中庸》云："致广大而尽精微。"没有时间的长度，没有沉潜式的濡养，是达不到这样的境界，这样的宏阔的。没有这样的广大与精

---

① 高时良编著：《学记》，人民教育出版社1982年版，第29页。
② 高时良编著：《学记》，人民教育出版社1982年版，第58页。
③ 高时良编著：《学记》，人民教育出版社1982年版，第61页。
④ 高时良编著：《学记》，人民教育出版社1982年版，第61页。
⑤ 高时良编著：《学记》，人民教育出版社1982年版，第58页。

微，我想会很难达到《诗经》所云："既明且哲。"

20世纪90年代由黄克剑、张文质等提出的生命化教育思想，是遵循生命自然规律的教育，这一教育的出发点是具化的，是一个个鲜活的生命。生命化教育强调学习应该是学生在亲身实践中成长，重视知识的习得，但是更应回归生命的本质，教育的本质，关注儿童的身心健康，关心人的成长。而这样的过程必然是慢的，因此张文质先生提出"教育是一种慢的艺术"。邱广东老师也提出了"慢教育"。他说："我觉得教师应该引导学生主动放慢节奏、拉长过程，激发学生学习乐趣，在'慢'中体验教学思维的精巧、领悟教学思想的精深、欣赏文化的美妙。"①这些都恰好地回应着中国悠久的慢的教育传统。

在西方教育研究中也有很多这方面的理论文献。

美国实用主义教育家杜威就教育的本质提出了"教育即生活"的基本观点。他主张重视学生的主体作用，认为教育是生长，因此教育应该遵循儿童的兴趣和需要，让学生生活成为教育的基础和前提。杜威关注学生的经验获得路径，并认为经验的获得必须是学生自己的参与与体验，由此提出"从做中学"的教育原则。

这些都让我们感受到杜威对学生成长规律的尊重，对学习规律的遵循。深受杜威影响的泰勒认为，教育往往是以一种滴水穿石的方式产生作用的，因为人的行为的一些重大变化，不是在一夜间发生的。而这一教育目的的达成需要的正是时间，同时更需要教师具有教育的情怀，需要专业精神和专业知识，而这也正是慢养语文所需要的特质。

人本主义理论的主要代表人物之一罗杰斯主张教学应该以生为本，关注学生的切实需求，在教学方式上应循序渐进。人本主义理论者认为教育的首位应该是对人的尊重、理解与信任。这一"以人为本"的思想，克服了传统教育中"目中无人"的弊端，让教育得以关注到人，从而能够循序渐进，放慢脚步，充分去尊重人的身心发展规律，认知规律等。

---

① 于金龙：《"快跑者"的"慢教育"》，载《中国教育报》2015年7月14日。

皮亚杰、斯皮罗等于20世纪80年代提出的建构主义理论同样强调生活式教育。建构主义理论指出学习应该是学生主动建构的过程，是新旧知识的双向奔赴，是相互作用的结果。建构主义理论指导下的学习具有主动性、情境性和生活性。如此看来，没有时间，没有生活的介入，没有一个自我反省，没有旧的经验打破，新的经验重塑就产生不了真正的学习，就无法真正落实概念的自我建构和内化。而这些特质将成为基于慢教育的慢养语文这一思想得以产生的理论基础。

怀特海说："教育只有一个主题，那就是五彩缤纷的生活。"[1]理想的教育就应该是生活美的立体面，全面展现生活，让生活充满性灵。因此，某种意义我们可以说生活是教育的出发点，也是教育的归宿。理解了生活，就获得了教育。"教育有用，因为理解生活而有用。"[2]生活是时间，生活又是空间，生活是物质的，更是精神的，生活是独立的，也是彼此依存的。教育可以是生活的任一面，而生活终究需要慢慢地来，一日复一日优雅地行走，大概这就是怀特海心中的教育节奏的思想之源，因为在怀特海的眼里生活就是这样别具美感，别具形神合一的综合美。那么我想，人文性的语文教育立于教育之中也应该轻拢慢捻地，水波不惊地弹出自己的轻乐曼歌，描出自己的只此青绿。

（三）追大家之本，溯源慢养语文的人文滋养

这里的"大家"专指人类历史上一切有成就的大家。"追大家之本"即思考他们的成长之路，从中感受慢养语文之于成长的必要性。记得美学教育家朱光潜先生说："慢慢走，欣赏啊！"曾让多少行色匆匆的人在听到这句话时下意识地放慢脚步，开始留心周围景致。慢慢走，慢慢欣赏、品味，才能有味道，有滋养！美需要停下来，需要发现、品味。语文是美的表达，没有发现，没有驻足何谈表现？杜牧在《山行》中写道："停车坐爱枫林晚，霜叶红于二月花。"这样的千古名句没有

---

[1] 怀特海著，徐汝舟译：《教育的目的》，生活·读书·新知三联书店2002年版，第12页。
[2] 怀特海著，徐汝舟译：《教育的目的》，生活·读书·新知三联书店2002年版，第12页。

"停车"便错过了，而我们学习这样的名句，发现语言所描绘的那个美的情境自然需要驻足，需要停留，需要心灵的相契。慢下来，慢慢走，才能有发现，有欣赏，有获得。

刘勰在《文心雕龙》中说："操千曲而后晓声，观千剑而后识器。"[1]虽说的是经验累积的重要性，但何尝又不是说学习语言须花费大量的时间和精力，慢慢累积，慢慢滋养，才能终有所成。杜甫在《奉赠韦左丞丈二十二韵》中写道："读书破万卷，下笔如有神。"诗人贾岛在《题诗后》中写道："两句三年得，一吟双泪流。知音如不赏，归卧故山秋。"虽然"读书破万卷""两句三年得"是虚指，但可显见语言的习得是一个慢慢累积，仔细斟酌的过程，同时也可见要想懂得语言之美，赏析到语言之妙也是需要同样付出的，否则难以成为美的发现者、鉴赏者，美的"知音"。语文学习，语言的习得只有经历丰富漫长的阅读，慢慢濡养才能获得。所谓"厚积薄发"意谓如此。

慢养语文的主张提出当然还有很多文学大师成长经历的启发。二十岁的苏轼一出眉山天下知，那篇洋洋洒洒的策论《刑赏忠厚之至论》直接打动了一代文豪欧阳修。一个二十岁的青年人何以如此优秀？看看他年少时的一副对联："发誓读遍天下书，立志识尽天下字"。我想其实是可以窥斑见豹的。因此，正是因为苏轼早年在父亲苏洵引导下的博览群书，二十年的寒窗苦读，我们才能欣赏到一个才华横溢的苏轼，一个豁达开朗的苏轼，一个横越儒释道的大家苏轼。才能欣赏到他日两位文坛领袖欧阳修与苏轼的相遇，两位文学大家王安石与苏轼在半山园的促膝长谈，也就有了林语堂笔下"其实每一个中国人的心中都住着一个苏轼"的由衷表达。经由这样的成长而成为大家的人举不胜举。他们共同的成长规律告诉我们，语文的学习需要博览群书，需要潜心阅读，需要不断实践。舍此别无他途。

那么，我想作为一名语文老师，在思考当下语文教与学的困境时，

---

[1] 刘勰著，王志彬译注：《文心雕龙》，中华书局2012年版，第277页。

就需要从这些历史与理论中获得启发，总结策略，提炼精髓。正是这样研究的路径让我看到了突破困境之路，于是"慢养语文"的主张诞生。

二、内涵：慢养语文滋润学生核心素养的本质要义

（一）厘清"慢养语文"的内涵边界

张文质说："慢教育是提倡日常生活式教育，是润物细无声的教育。教育是慢活是细活。慢活，是生命潜移默化的过程，它的变化是极其细微和缓慢的，需要生命的沉潜，需要精耕细作式的关注和规范。"[1]

杨小微教授说："慢教育是一种心态从容、过程舒缓、整体表现优雅的教育，它关注生命潜移默化的过程，关注师生间的亲切互动。"[2]

王久辛教授认为："慢教育是重思维、重素质、重想象、重能力、重品质的无声的教育，提倡日常生活的渗透式的教育。"

三位老师都是在从不同角度诠释着"慢教育"，结合他们的诠释和自己对慢养语文的思考与实践，产生了我对"慢养语文"内涵的认知。

慢养语文，字面意思就是慢慢地濡养学生的语文素养。单独看这个词语中"慢"和"养"两个字，"慢"是"养"的前提，"养"是"慢"的目标。我特别喜欢这个词语中的"养"。语文是养出来的，营养，滋养，修养，素养，涵养，养育，等等。因为这样的养，语文变得水色充足，明眸皓齿；语文沉静地山不惊水不动，但是眉眼盈盈处都是无限风景；语文的一低眉都是温润醇厚，让人欲罢不能，爱不释手，心里眼里都是向往。但是此刻我在写着的这些文字，只道出了我内心感觉的十万分之一。那种呼之欲出的感觉一变成文字便局限了，走样了。那种起自心底的享受感让任何言说都显得苍白。正是这样的感觉让我在我的语文教学中始终秉持着"养"这一理念。而慢，缓慢，慢炖，浅斟慢酌，但这里的"慢"不是故意拉长国家课程的教学时间，不是故意无

---

[1] 张文质：《教育是慢的艺术》，华东师范大学出版社 2022 年版。
[2] 杨小微：《期待一种从容、舒缓、优雅的教育》，载《江苏教育·教育管理》2010 年第 35 期。

理由地拖拉教学的节奏，不是充斥大量重复的无意义的练习。这里的"慢"首先是课堂语文学习的节奏放缓了，放慢了。慢在文本的核心内容处，慢在有意思有意味的语言表达处，慢在有争论有创意处，慢在读写结合处，慢在学生学习困难处。其次是在有限时间里处理好"快"与"慢"的节奏。"快"的是根据本班学情对文本进行的二次整合、开发，加快了国家课程的教学节奏。"慢"的是在这有限的语文学习时间里相机开发、融入能够丰厚学生底蕴的，具有个人浓郁特色的师本课程，并大力开展课外阅读，强化写作训练，以此与国家课程一起全面、立体地提升学生的语文素养。所以究其实这里的"慢"意味着一种丰富多元的语文学习。这个过程必然是"慢"的，因为语文所包蕴的内容太丰富，它不是强化训练的产物，它是生活的，是自然的，更是心灵的，精神的契合。它只有在时间的流动中慢慢浸染、熏陶方可成就。在这过程中需要教者做到不急不躁，不慌不忙，气定神闲地带着学生慢慢读，慢慢品，慢慢写，慢慢赏，慢慢蕴藉，慢慢沉淀丰富。因此它需要教者在培养学生语文素养的过程中不能介意一城一池的得失，不汲汲于排名的先后。教者需有一份安静地，不管不顾地从容，如此方能收获学生的腹有诗书，丰厚儒雅，学生核心素养的提升。最后"慢养语文"还需要一种多元的评价。分数不再是唯一标准，表演、朗读、情景剧、手抄报、背诵速度、认真书写等都可以被纳入了评价范围。我希望在慢养语文的过程中我给出的评价还是慢的，不需要立竿见影。我记不得在哪里看过这样一句话："教育不能追求立竿见影的效果，'立竿见影'的背后可能就是反教育的行为。所有反教育的行为都立竿见影。教育可能要做的事就是承认差异，更多地给予人理解和期待。教育不是只给人一条路，而是要开启尽可能多的方向，让每个人都得到光亮，都相信能得到自己的光亮。"①总之，我希望我的学生能过上这样一种慢节奏的有滋养的语文生活。我希望我的学生能够在我经营的这样慢节奏的语文生活中

---

① 张文质：《教育是慢的艺术》，华东师范大学出版社 2022 年版。

经由大量的阅读、思考和表达来得到慢慢浸染、濡养。也许三年五年，也许十年八年才会看到结果，也许当孩子有一天在文字的田地里悠游自在时，已经远离了我们的视线，那有什么关系，做语文，没有这份豁达、从容，我们就永远养不出语文的千山万水，养不出孩子们开阔的视野，独特的审美体验和仁爱的人文情怀。

综上，慢养语文，就是指让学生在多维多结构的立体式课内外语文阅读与实践活动中，在师本课程的学习与实践中日渐丰富，慢慢提升学生的核心素养。

（二）慢养语文滋润学生素养的本质要义

1.丰盈学生的文化世界。慢养语文的过程中学生所阅读的均是中外经典著作。有单篇经典实用文的阅读，有文言和诗歌背诵，有中外微型小说的阅读，有大量整本书的阅读，以及与之相关的理解、交流分享与不同形式的展示等活动。在这一过程中我们鼓励交流中不仅有分享，更要有争鸣，有针对同一问题不同角度的思考，有结合每个人不同生活的不同体验。不仅有口头交流，更有书面的不同形式不同体裁的展示。比如，单就整本书阅读后，我们就会有多种呈现形式：情景剧、背对背提问、采访作者、给主人翁的一封信、续写某个片段、给人物做名片、遇见书中风景以及思维导图、精彩片段配乐朗诵、人物现身等。由上可见，我们不仅读得面广，在日积月累中我们读得量也大，在一波又一波的不同形式的活动中我们还读得持久，读得深入。正是在这样面广量大，时长又深入的阅读中学生打开了视野，丰盈了自己的文化世界，并在其中发展了语言与思维，培养了审美，锻炼了写作。正是在这样不断地丰富与提升中学生又拥有了自己看世界，自己感受文化魅力的能力。

2.涵育学生的核心素养。"慢养语文"注重人的认知、思维、情感三位一体的素养滋润，重在引导学生以开放的姿态、身心与文本情境协同互动。在每一个经典文本的阅读中，师生一同浸润在文字的世界里，穿越文字去与作者、与文本对话，一起欣赏文字描绘的人文山川风景，去感受作者的精神世界，去积累语言，去超越语言，建构自己的思维，获得智趣，享受精神的愉悦。慢养语文真正去关注语文阅读体验与认知、思维、情感的综合素养发展，让深度学习真实发生。"语文的外延与生活相等"，在多元开放的生活中学语文，在生活这个大情境中进行语文的综合实践活动，解决真实情境中的真实问题，在这样的问题解决中发展学生的高阶思维能力，培育提升学生的核心素养。

3.享受独立的精神生活。人因为丰富而独立。学生是未长大的人，但是当他们拥有了足够的阅读量，在相继的师生、生生不断地交流碰撞中被书本，被不同思想深刻地感动着、净化着、涵育着，也因此他们逐渐拥有了辨别能力，有了独立思考的意识。那么在日复一日地不断累加的经典阅读的浸润中他们就会因这样润物无声地自然养育而具备独立思考的能力。而此时，他们也享受到了丰富的阅读，独立的思考所带给他们的精神享受。记得我在陪伴他们阅读张晓风的《我喜欢》一文时，一学生提出"这样欢快的节奏中作者为什么会忽然去写芦苇，写悲伤？"当时听到这样的困惑时，我觉得毋宁说是提问，不如说是学生在享受精神生活。他们感知到了万物的悲喜，感知到了和谐。争论中，大家共同认识到忧伤也应该是秋天的一种色调，正是因为五味杂陈，这个世界才更诱人。我始终觉得一个拥有精神生活的人才有了灵魂，在这个世界生活才会始终独立而美好！这是慢养语文得以提出，并坚持下去的一个更深层次的原因。

4.培养终身的阅读者。慢养语文其实是一个多维立体的阅读体系建构。经历慢养语文的学习必须有大量的经典阅读支撑，"读好书，好读书，读书好"须成为学生的共识。因此，教师在其中需要花费大量的精力去创新设计各种各样阅读的活动去激发学生阅读的兴趣，培养学生良好的阅读习惯。只有这样，慢养语文的主张才可能被有效落实，学生才有可能成为自觉的阅读者。习惯的培养肯定不是一蹴而就的，为此我们还精心设计了一些培养良好阅读习惯的有效方法。比如，为了鼓励学生开展睡前十分钟的阅读，我们设计了多种跟踪和奖励的方式，包括家长拍照录像上传，加分员加分；十分钟持续读完一本书的数据统计与展示等。再如，为了培养学生碎片化时间里能安心读书的习惯，我们让每个学生每天书包里带上一本书，课堂剩余的几分钟，午休醒来时零碎的时间里鼓励学生随时阅读。只要阅读就给予积分或点名表扬以及免写部分作业等奖励。除此，我们还通过各种形式的交流分享，各种形式的开放式比赛等方式让学生享受到成为成功者的高峰体验，从而进一步激发他们阅读的热情。我想随着学生阅读量的增加、面的拓宽，他对这个世界认知也会不断丰富，尝到了阅读带来的身心愉悦，阅读便成了他认知世界的一条必不可少的通道，而长期的阅读又会让他对阅读形成一种依赖，成为一种惯性，那么阅读便有了内驱力，有了长期进行无须督促的可能性，终身阅读者便会由此诞生。

因此，可以这么说，慢养语文不仅仅是语文学习的一种体系建构，一个学生学习语文的平台，它以更温和、更内隐的方式体现着语文课程"价值引领，以文化人"的本质。从哲学层面讲，慢养语文的提出是一个主张，是一种思想，更是一份追求对人的完整生命自然养育的关爱。

三、内容：慢养语文滋润学生素养的体系建构

（一）多维建构，呈现慢养语文体系

慢养语文要想真正惠泽于更多的学生不能仅仅是一个名称，仅仅凭感性经验的操作。它必须有丰富的、合理的且具有实践操作可能性的内容支撑。于是在多年的感性经验实践中我一步步开始理性思考、研究、实践，总结与完善，最终建构了一个师本立体式提升学生核心素养的慢养语文体系。（见图1-1）

这个慢养语文的师本课程以慢养为理念，以提升学生核心素养为目标，按照语文学习主要是阅读与作文这一观念，遵循多读多写这一语文传统规律建构起来。它主要包括用一篇带多篇的大量关联多面的阅读；通过建立阅读的师本课程，以文艺性阅读为主体，以月为单位长期不断

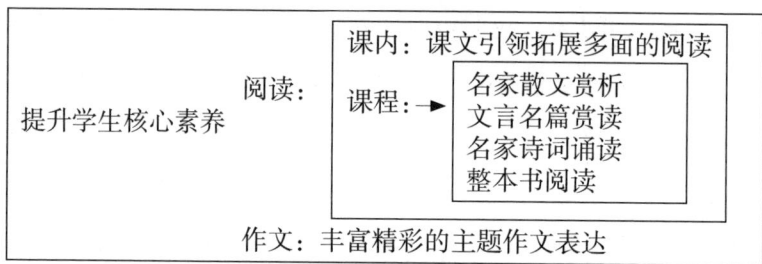

图1-1　"慢养语文"多维结构图

地进行整本书阅读推荐活动，在这一整本书阅读中兼顾各类型书目，以此多维多结构地丰厚学生的语文底蕴。作文与阅读同步，用主题式写作锻炼、提高学生的表达能力。我把写作放在第二位，并不表示写作不重要，这样放恰恰说明的正是写作的重要性，没有一定的积累何谈作文。当然这个序列并不是形而上的，僵化的，它是互相融合，互相穿插的。

在流沙般的岁月中，集腋成裘，聚沙为塔，厚积薄发，希望最终目标不仅仅是语文素养，而是指向人，丰富人的内心，能让孩子的人生因语文而丰厚、优雅，并永远不失敬畏之心。

（二）融入实践，陈述师本课程内涵

1.课内：课文引领拓展多面的阅读

任何一本教材由于受限于每篇课文都要教些孩子什么，半年的时间选文通常只有二十来篇。但是，要想全面提升学生的语文素养，这样阅读的量显然是远远不够的，因此我用一篇带动多面向阅读。简单说来，就是一篇课文后面一定有相对丰厚的多面向的背景式阅读。说多面向，是因为我们不止于文字阅读，我们会去阅读文本可能涉及的方方面面，比如名画，名曲欣赏，参观游览，观看电影等等。这样的阅读需要未雨绸缪，通盘考虑。

举例来说，我们学习《蟋蟀的住宅》，我不是学了才推荐，而是在三年级下学期时就开始为四年级文章的背景式阅读做准备，推荐了法布尔的《昆虫记》，这样到了四年级再来学习本篇课文时，学生交流的视野是宽的，面是广的，话题是丰富的，学生学以致用的能力也才能在这样长期地反复地锤炼中渐进渐长。

再如部编版五年级上册第一单元《落花生》这一课的学习，我们在学习中还拓展了丰子恺先生的《不喝肉汤的杨柳》这一篇文本的学习，两篇文本均为名家名篇，写法相同，但是语言风格截然不同，各有千秋。让学生以此丰富对这一类文体的认识。我想以一课关联多面的阅读举措带给学生的应该不仅仅是一种语文素养的提升，我相信还有一种更为开放的思维格局在慢慢打开，还有一种更为丰富的联想，更加多面向的资料检索能力在潜滋暗长，而这都是服务于现在并指向未来的必不可少的重要能力之一。

2. 课程：让多样的课程丰厚学生的底蕴

要想全面提升学生的核心素养，课外阅读的介入是必需的，它可以弥补课内阅读量的不足，大大拓宽了学生的视野，对于提升学生的核心素养有着不可忽视的作用。新课标中规定小学六年学生须完成145万字的阅读。但这只是一个基本量。不容回避的是，很多学生小学毕业这个基本量都无法完成，更不用说上不设限的问题了。因此，仅仅这些规定显然远远不够，它需要教师的跟踪落实，在实际阅读中还存在着学生的课外阅读的量和质还参差不齐的问题。为了更好，更全面提升学生的核心素养，我开始着手做我的语文师本课程，试图扩展学生阅读的面，扩大学生阅读的量，推进学生阅读的深度和广度。我始终认为这是我作为语文老师送给孩子们最好的成长礼物。目前开发相对成熟的师本课程有四个：名家散文赏析、文言名篇赏读、名家诗词诵读和整本书阅读。同时做四个课程，要付出大量的精力自不待言，但是做了这么多年，每一次过程中你几乎不用什么显性评价就能感受到学生的改变与成长。这带给了我巨大的惊喜与欣慰，也是我最大的动力所在。

3.写作：丰富精彩的主题写作表达

新课标指出：写作是一个人语文综合素养的体现。写作是人对自我的表达，对这个世界的表达，是人的思想与情感的表达，因此写作只有写作知识是不够的，结构只给了写作的骨架，而丰厚的储藏才是写作的血肉，才能让写作有生命，厚积薄发，才是语言发展之道。那么，孩子们读了，背了这么多好东西后，是不是作文水平都能自动能提高呢？我没做过跟踪调查，不做妄断，但是心理学研究告诉我们：人对新鲜事物的消化与吸收是存在客观上的差异的。所以我相信，对这些好东西的消化与吸收肯定存在着时间的快慢，质量的高低。那么如何真的让阅读惠泽于作文，让阅读的好处借作文得以体现，让人人都能写出好作文呢？我在推广阅读，建设师本课程的同时，加强了主题式作文的集训，有效地提高了班级学生的作文水平。主题训练，一个主题下的系列作文，既可以让阅读来的好东西有学以致用的空间，同时也因为主题的生活化可以温柔地召唤起孩子对生活的回忆，让孩子能够真实地向着内心书写。如此下来，每一届学生的写作水平在同龄学生中都是翘楚。我不知是阅读滋养了作文，还是作文兴趣了阅读呢。其实都不重要，重要的是我们把阅读培养成了学生语文生活的一种习惯，学生在慢养语文的静水深流中提升了核心素养。

四、特征：慢养语文滋润学生素养的特质彰显

慢养语文主张的产生虽然是逆向思维的结果，但是正因为其有着本人语文学习鲜活的经验案例，有着多年感性操作经验作为基础和前提，才使得它一步步从感性走向理性，从零散走向系统，更能与学生的成长相契合，有着对学生语文学习更具担当的内容与实践策略，让学生家长由此产生了更高度的认同感。在多年实践中，我们走过了《义务教育语文大纲》时代，经历了两次《义务教育语文课程标准》的修订。伴随了语文教学目标的三阶段发展，从双基目标到三维目标，再到如今的核心素养目标。我们在每一个到来的课程改革时代虽然都会有所改变，但是核心内容始终没变，确保选文质量，倡导自主阅读，以学生为主体的讨论交流方式。这些坚持让慢养语文有了二十余年的实践研究生命，有了继承与摒弃的多个周期完善过程。到如今，其特质更加彰显。

（一）滋养性。慢养语文，一个"养"字既是对自然生命的珍爱，更有对提升学生生命质量的关爱，唤醒学生追求更高远精神生命的意识。一个"慢"字道尽了师者对生命关注的情怀，对学生一生负责任的教育担当。在慢养语文的体系中我们所选择的文本都是经典大家作品，我们要给学生读的每一个内容都是我仔细阅读，反复斟酌的，从主题到内容，从语言到篇幅的长短，每一个的细节都浸透着我对学生成长细节的关注，因此每一个内容的呈现都直指对生命的关爱，都表达着滋养学生生命的初心。对于我，在教师岗位已经三十余年，慢养语文研究有二十六年之久，可谓桃李满天下。这么多学生自与我一别都能各自安好。他们虽足迹遍布世界，在各自的领域做出自己的努力。成就虽有大小，但是他们能一直保持对生命的珍爱，对他人的善意。我虽然还在原地，可是我足够欣慰。慢养语文，慢养的何止是语文，慢养语文的终极目标从来都是人的成长，是立德树人。慢养语文养的就是他们能够做事，愿意做事，愿意并有能力积极主动地把事情做好！换言之，养的就是他们的正确价值观、必备品格和关键能力，提升的就是他们的核心素养。

（二）具身性。"具身"的基本含义主要是指认知对身体的依赖性。叶浩生教授认为身体参与了认知会影响思维、判断、态度和情绪等心智过程，身体的不同倾向于造就不同的思维和认识方式，同时意义源于身体。①按照这样的理解，慢养语文的学习具身性就非常明显了。简单说，在慢养语文的过程中无论是单篇还是整本书阅读，无论是赏析还是诵读，无论是交流讨论还是书面表达，这些活动都是学生自己完成的，也就是都是学生本人身体参与的。而身体的参与，亲身的经历学习也让他们对作品形成了自己独特的认知，并进而影响着他们思考问题的方式，以及由此形成的判断。同样身体的诚实反应也左右了他们的情绪，让他们能基于自身体悟完成对作品意义的认知。

---

① 叶浩生：《认知与身体：理论心理学的视角》，载《心理学报45卷》2013年第4期，第481—488页。

（三）选择性。心理学研究表明，人拥有选择的自由就会对所选产生更高的投入热情和责任意识。换言之，选择让人享受着主动自由的愉悦，选择让人享受着身为主人的荣光与责任。慢养语文让学生在学习中始终享受着选择的自由。每一次的课外阅读我们都将推荐与自读相结合，而推荐我们基本是两本一起推荐，自己自由决定哪本必读，哪本选读。在每一个单篇文本的阅读中怎么读，和谁一起组成阅读小组，什么形式交流等完全由学生自由选择。选择的自由让学生在学习中呈现出了更踊跃的状态，更积极地投入。

（四）创构性。慢养语文体系的本身和内容的呈现是由本人根据学生身心发展规律、国家教材、新课标要求以及语文学习的规律自主研究，创造性建构完成的。这一体系的建构也将直接影响着学生语文学习的内容。他们会在这样的体系学习中自觉自能建构起自己语文素养的结构，为自己后续语文的学习提供更广博、更具内涵的背景知识。同时慢养语文的学习也滋养着学生生命的成长，让他们的身心变得更健康、更开朗阳光，内心也更柔软、博爱，让他们能渐渐拥有一份悲悯的情怀，并能以此观众生、观世界。那么，语文教学便圆满完成了其以文化人的美好使命。

慢养语文，引领学生在独具特色的体系中学习语文、运用语文，让他们拥有更坚实的核心素养。慢养语文，从哲学的层面去引领学生在语文的学习中，在一篇篇、一本本经典作品的阅读中，在师生、生本、生生之间一次次自由开放的对话中不断清晰对自我的认知，对生命的完整感受，对精神的丰沛追求。而慢养语文也会因时代的变化，人的发展需求的不断变化而永远处在调整与完善中。不固守让慢养语文一直追求在目标不变的前提下积极主动去接受新的变化，适应新的变化，一直追求日臻完善，而不是满足于目前完善。这正是慢养语文的魅力所在。

也正是因为这份开放包容，不断学习创新，慢养语文才能源头活水不断，学生的生命之渠才会清澈如许。

第二章 慢养语文理念下的国家课程师本实施研究

一、理念：国家课程师本建构的主旨导向

何谓国家课程？百度百科这样阐释，狭义的国家课程是指国家委托有关部门或机构制定的基础教育的必修课程或称核心课程的课程标准或大纲。无论是广义还是狭义理解，国家课程都集中体现了国家意志，是决定一个国家基础教育质量的主要因素。[①]因此，当对国家课程进行师本建构时须在主旨导向上与国家意志保持高度一致，并坚决执行，唯如此才能确保国家课程目标的实现。

（一）以文化人，落实语文课程立德树人的根本任务

2022版《义务教育课程方案》前言部分第一句话就指出："习近平总书记多次强调，课程教材要发挥培根铸魂，启智增慧的作用。"在指导思想中也明确指出："以习近平新时代中国特色社会主义思想为指导，全面贯彻党的教育方针，遵循教育教学规律，落实立德树人根本任务，发展素质教育。"并明确提出要培养"有理想、有本领、有担当"的时代新人。为此2022版《义务教育语文课程标准》（以下简称"新课标"）的"课程理念"第一条就是"立足学生核心素养发展，充分发挥语文课程育人功能"。并进一步指出"义务教育语文课程围绕立德树人根本任务，充分发挥其独特的育人功能和奠基作用"。而语文课程目标制定所围绕的核心素养是课程育人价值的集中体现。核心素养包含四个方面，首要的就是文化自信。新课标认为"文化自信是指学生认同中华

[①] 许红梅、马玉霞、周春玲主编：《教育学》，哈尔滨工程大学出版社2010年版，第9页。

文化，对中华文化的生命力有坚定信心"。在"总目标"第一条里又进一步明确"在语文学习过程中，培养爱国主义、集体主义、社会主义思想道德，逐步形成正确的世界观、人生观、价值观"引用了这么多理论阐述，其目的只有一个，说明立德树人是语文课程的基本任务。语文课程须"立足核心素养，彰显教学目标以文化人的育人导向"。

语文课程天然的含有育人因素，那些优美的语言是母语的精华，那些文本呈现的自然万物、风土人情，以及名人英雄等本身就具有对人的审美、精神的感染与召唤，而语文教材是语文课程内容载体之一。在语文教材的开发中，我们的师本建构必须秉持以文化人的育人导向，深入挖掘教材内蕴含的育人内容，将发展语文素养与育人有机结合，真正抓住"工具性与人文性的统一，是语文课程的基本特点"。让慢养语文之所谓"慢养"的积淀成为一个语文老师能实现以文化人的基础和前提。让语文课程的育人功能会因"慢养"而得到更好的落实与体现。比如部编版教材三年级上册第一单元《大青树下的小学》一文，它不仅仅是一篇描写学校生活的文章，它更是一篇颂扬民族大融合的文本，是一篇反映改革开放以来我们过上幸福安乐生活的文本。教学中我们不是要在最后进行思想教育。所谓"以文化人"其精髓在一个"化"字。化物于无形，化思想于无形，实现悄无声息、春风化雨、润物无声地将祖国的变化、祖国的强大"化"进学生心田，培养学生的爱国主义情怀。

（二）润育素养，扎实提升学生的核心素养

在新课标理念的指导下，润育素养应该成为语文教学重要的价值体现。以润育素养为师本建构的一个导向是真正提升学生核心素养的保证，是基于学生核心素养目标达成的所需。润育，这个词本身就说明素养不是一朝一夕就能形成的，不是一时热情就可以达成的。素养的形成需要教师视野，需要师本建构中的系统思维、长期规划、系统培养。

润育素养理念让语文的学科性更凸显。长期以来，语文教学的学科性都不太明确。老师们都说："语文是个大箩筐，什么都能往里装。"

比如，教学《太阳》一课，我们上成了科学课，教学《狼牙山五壮士》我们上成了德法课。润育素养理念的建立能时刻提醒老师我们教的是语文，必须凸显语文鲜明的学科性。华东师大崔允漷教授曾经说过："我们总是以不言语的方式教语言。"事实的确如此。因此，我们要关注语文课程综合性、实践性、情境性特征，在语文课堂中去创设真实的情境，去创设语言运用的综合性活动，凸显学科特质，发展学生核心素养。

润育素养理念让文本解读更有方向性。文本解读是有效提升学生核心素养的第一步，而润育素养理念让文本解读更具适切性。不同学段，不同学情，不同文本我们的文本解读关注点是不一样的。比如，我们关注思维能力这一素养的发展，那么无论是哪个年级都要去积极挖掘，不要主观地认为低年段不需要，而应该从一年级就重视起来，让思维能力因为进阶式的系统培养而得到切实提升。教材中的文本无论长短，名家名篇与否它都有其内在的逻辑性。"文章斯有路，遵路识斯真。"依托教材，教师需要着眼长远，需要从每篇文本，每节课开始关注，并能一以贯之方能将思维能力这一核心素养培养起来。比如，部编版一年级上册第一篇课文《秋天》，它也有其内在脉络，围绕"秋天"选取典型的、常见的现象、事物"天气凉了，树叶黄了，天高云淡，大雁南飞"，如再关注观察的顺序，就可以渗透有序表达，也是一种思维的表现。这些对于我们是简单的，可是对于一年级学生如果我们在教学中不去关注，他们是无法体会到的，那么思维能力的培养就会缺位。随着年级升高，思维能力的进阶培养要求其渐趋复杂严谨。比如，部编版六年级上册列夫·托尔斯泰的名篇《穷人》，它情节的相互关联，细节的丝丝入扣都是思维的严密所带来的视觉和心灵的享受。教学中若能在情节、环境、人物中品读文本，在前后文联系中深刻解读对话和心理活动，人物形象就会呼之欲出。如此，才能全面立体理解这篇小说才能感受到托尔斯泰伟大的精巧而又自然的写作功力，品尝到思维的乐趣，语文学习的乐趣。这样去解读文本,这样以润育素养的理念来进行师本建构,来教语文,才能让学生的核心素养得以发展、提升。

润育素养理念让教学现场更关注人。润育素养育的自然是人的素养,这就要求我们课堂中需做到眼中有人,心中有人。以人为本是每一节课的追求,润育素养的课堂更应如此。这就首先要求我们目标的制定是建立在对学情充分了解的基础上的。了解学情是人本教学最基本的体现。然后我们才能基于这样的目标,基于这样一群学生去选择他们在这一文本中适合学习的内容,接着去基于内容挖掘核心素养的生长点。最后根据具体的文本和素养生长点去设计教学,创设学的活动。老师们经历这样一个师本建构的过程其实就是对以人为本教学思想的一次次强化。走过这一过程到达课堂教学实践的老师,他们的人本思想已经在心里落了根,课堂教学现场的实践我想或许有文本解读深浅差别,或许有经验高低差别,但是对人的关注,对全体学生的关注,对润育学生素养的认识应该是深入人心的。

（三）变革方式,在综合实践活动中学语文

2022版《义务教育课程方案》指出:"优化课程内容结构:设立跨学科主题学习活动,加强学科间相互关联,带动课程综合化实施,强化实践性要求。"新《课标》提出语文课程基本理念之一"增强课程实施的情境性和实践性,促进学习方式变革"。而学生的核心素养是在"积极的语文实践活动"中才能发展、提升,因此新课标中"实践"一词出现了45次。没有什么比真实的数据更具说服力,高频率出现同一个词语其实就是在敦促着语文课堂教与学方式的变革。而国家课程的师本建构无疑是教师以其对国家课程的理解,用鲜明的个人教学特色加以阐释和实施。在新课程改革的背景下,在新课标施行的今天,师本结构须以发展学生核心素养为目标,以语文学科特色为前提去积极变革课堂教与学的方式。

新课标将课程内容结构化,以任务群的形式整体规划,突出核心素养发展的需求。这其实体现了语文学习的综合性、实践性的性质。新课标倡导促进学生自主、合作、探究学习；鼓励自主阅读、自由表达。而这些改变，这些倡导都需要依托语文实践活动中得以体现，学生亦需要在这些语文实践活动中去发展、提升自己的核心素养。语文实践活动的基本方式有很多：识字与写字，阅读与鉴赏，表达与交流，梳理与探究等。但是无论哪一种方式的语文实践活动设计都需要学生的亲身经历才能真正实现其设计的初衷。亲身经历就是要具身体验，"具身"的基本含义主要是指认知对身体的依赖性。叶浩生教授认为身体参与了认知会影响思维、判断、态度和情绪等心智过程，身体的不同倾向于造就不同的思维和认识方式，同时意义源于身体。[1]具身体验无疑是语文深度学习的一条通道，它在研习、探讨、亲历等语文学习活动中，能更利于加强体验，实现多重对话，参与文本的创造，领悟知识的意义，实现情感的升华。因此活动体验式学习，要求教师以"体验"理念为指导，提炼活动体验式学习的基本特点，以活动中体验、反思为基本原则，以提升学生核心素养为目标，通过开展各种关于语文的教学活动、游戏活动、生活活动等为中介，以学生为主体，以任何能以感官感知的媒质为道具，通过他们的积极主动参与，使其在各种语文活动中经历、体验知识发生发展的过程，促使其产生对语文学习的浓厚兴趣，加强语感，提升语文学习的能力的一种学习方式。因此活动体验式学习不仅仅关注体验，也关注语文实践活动的本身。因为只有合适的活动才能引导学生在活动中获得切身的身体体验，学生的生命个体才能得以充分舒展，学生的生命才会在活动中回归自然的状态，那么表达体验才会更深入。

二、策略：精品深读，引领文本多面的阅读

（一）文本细读，在浅斟慢酌中品读、体味

慢养语文其一慢的表现应该是文本的细读。古今中外对细读文本

---

[1] 叶浩生：《认知与身体：理论心理学的视角》，载《心理学报 45 卷》2013 年第 4 期，第 481—488 页。

的理论有过太多研究，但就中国而言就经历了三种不同的范式，从微言大义到印象解读，然后经历了评点式的细读，其中最为有名的就是明末清初的评点大家金圣叹。他竭力主张细读，评点了很多经典的诗歌、戏曲和小说。放眼世界，我们不可忽略的还有英美新批评派的细读。他们认为文学批评唯一关注的就是文本，关注文本的语言、修辞技巧。这种观点催生了他们对狭义细读观点的生成。而王先霈教授认为："细读中'细'，读文学文本，是运用视觉和听觉把语言文字符号转化为艺术形象的一种接受过程，一种心理活动过程。"①"细读"字面意义是仔细地、沉浸式地阅读。细读文本要用真功夫、笨功夫。而所谓真功夫、笨功夫，首先就是要慢慢读。张爱玲说："学者做考据站着看《红楼梦》，等不及坐下来。"②但是细读，就是不要"站着看"，要坐得住，要能读进书里去。这是无数学者、诗人等的共同经验。"读书百遍，其义自见"是慢读，"读书破万卷，下笔如有神"是慢读，"好书不要百回读，熟读深思子自知"是慢读，"从语言出发，再回到语言"是慢读。因此，我觉得细读文本就是要对文本做细腻的、深入的、真切的感知、阐释和分析，直至我们对文本能够做出独立的判断。谈到文本细读，我们总会强调多元解读。孙绍振教授说："所谓多元解读，不是绝对自由的，应该是以文本主体的读者主体的历史性结合为基础的。而这种解读的多元性，是应该以一元为基础的。多元阅读，不能以歪曲特定历史内涵为代价。在进行多元解读的时候，不论是从理论上，还是从实践上，都不能不考虑这一基本原则。"③因此在实践操作中，我们还是要遵循这一解读的基本原则的。针对小学教材中的文本有几种细读的策略用得会比较多。我想结合案例做一点阐释分享。

1.还原法。这是孙绍振教授提出的观点，也是我在文本细读的时候

---

① 王先霈：《文学文本细读讲演录》，广西师范大学出版社 2006 年版，第 2 页。
② 张爱玲：《红楼梦魇》，《张爱玲全集》第 9 册，北京十月文艺出版社 2019 年版。
③ 孙绍振：《如是解读作品》，福建教育出版社 2007 年版，第 3—4 页。

用得比较多的策略。孙教授说："我的'还原'，只是为了把原生状态和形象之间的差异揭示出来，从而构成矛盾，然后加以分析。"[1]要进入作品深层加以分析，"就需要打破形象天衣无缝的统一，进入形象深层的、内在的矛盾。"[2]比如，部编版六年级下册《那个星期天》最后一句："男孩蹲在那个又大又重的洗衣盆旁，依偎在母亲怀里，闭上眼睛不再看太阳，光线正无可挽回地消逝，一派荒凉。"我们细读文本的时候就要引导学生让联想回到作者还是个孩子的形象，回到那个虽然客观时间只有一天，但是心理却经历了漫长煎熬的过程中，以及这个过程中男孩各种等待的形象，让学生将其原生那种期盼，那种焦急中带着兴奋的形象与现在这个男孩形象构成反差，这样就有了矛盾，有了矛盾才会有分析，有实践活动的介入。然后学生会从中看到很多，会看到成人对儿童诉求的忽略，成人对约定信仰的破坏，看到它带给儿童的这种巨大的伤害。所以无可挽回消逝的不只是光线，还有那份盼望，那份希望，那份对成人世界的否定。推想"一派荒凉"的心境时，学生会联想起这是一个还没有妈妈腿那么高的孩子的心境，细思极恐，这是多大的伤害啊，简直无边无际。然后引导学生还原史铁生本人，这件事伤害的又何止是他一个人，受到更大伤害的是妈妈。20岁的史铁生瘫痪了，妈妈想带他出去玩，可是拒绝的人换成了史铁生，妈妈变得期盼，变得小心翼翼。妈妈那种往事不可追的懊恼大概是锥心刺骨的。还原男孩的原生状态，还原史铁生成人后的身体状况，我们对文本的认知会更加深入。

2.比较法。何谓比较阅读？简单理解就是将两个或两个以上的材料一起做对照阅读，发现同与不同，进而进行具体分析形成新认识的过程。比较阅读重在凸显学生的学，让学生享有充分自主发现，自主探究的学习过程。比较阅读的价值很多。它可以帮助学生快速把握文本信息，可以让学生在比较中发现、在比较中辨析，在比较中促进学生建构个体语

---

① 孙绍振：《如是解读作品》，福建教育出版社2007年版，第3—4页。
② 孙绍振：《如是解读作品》，福建教育出版社2007年版，第3—4页。

言经验。比较阅读，让思维在比较中生长。比较的方法有很多种，在实践中我们根据需要可以进行文本与文本的比较，也可以作文本内部的比较。文本间的比较阅读也可以有同类比较，异类比较，有横向与纵向时间轴内的作品间的比较。比如，同一主题的比较阅读。我们在学习部编版四年级下册《母鸡》一课时，将其与《麻雀》作比，凸显"母爱"这一主题。而在学习部编版四年级下册《巨人的花园》一课时我们跨越历史，将其与《父亲、树林和鸟》进行比较阅读，加深理解"人与人，人与自然，人与世界的相处"的相处。其实文本间不管有多么不同，只要在一点上求得相通就可以比较。比如，同一形象、同一表达方法、同一体裁、同一作家等的不同作品间比较。文本内的比较方式也有很多。比如故事类文本在学习时我们可以引导学生进行故事中不同角色间的比较，故事里反复情节或者反复语句的比较阅读，可以进行典型细节不同阶段发展变化的比较阅读，就能发现作者的意图，理解文章的深意。比如，同样部编版四年级下册教材《巨人的花园》，将描写花园景象的这一细节进行比较，寻找描写花园的词句归类，就会发现花园里的景象发生了三次变化，每次变化都与巨人的行为有关，暗含着快乐要与人分享的。

3.情感分析法。任何一种情感能促使作者为它写诗作赋，那一定有其特征性。情感具有鲜明的特征性才会让文字在时间的长河中，在同类无数的作品中脱颖而出。因此在细读文本时可以引导学生去发现作者在文中情感鲜明的特征性。比如，杜牧的《山行》这首诗歌中所表达的"秋胜于春，叶胜于花"的情感独树一帜，所以这首诗成了经典。比如，《荷塘月色》现实的喧嚣中为自己辟一隅心灵的安静，独自享受。再比如，贺知章的《咏柳》，叶如玉，春风如剪刀，作者就这样表达了自己对柳树的独特赞美。别于常情，才能胜出长情，才会独特，才有创意。这些独特的情感，独特的表达在细读文本时我们要引导学生去发现，去品味，去感受汉语言文字丰富的内涵，如此才能引发豁然醒悟的惊叹，才能产生对国家通用语言文字的深厚感情，才能真正做到以文化人。比如，在学习部编版五年级上册《山居秋暝》这首诗歌时，诗人王维那种半官半隐，怡然山林的情感是这首诗熠熠生辉的一个原因。那么在学习中就要引导学生去感受诗人的感受。"空山新雨后，天气晚来秋"，不止于理解意思，还要能经由文字、生活以及对诗人的了解去想象画面，似乎看到诗人在这秋日薄暮时分的山中，呼吸着雨过天晴后这寂静山野的清新空气，享受着一个人独处的精神丰足。有了这个情感的基础，然后我们才能看到明月流转、松林静谧，莲叶漾动，渔舟轻楫，听到山泉叮咚，竹林浣女喧嚣嬉笑。真的是好一个清幽之地，好一处世外桃源，由此才能真正感受到作者那种随意歇的释然，因为这秋日胜春，何必伤春事，感受到自可留中这去留从心的生活状态。

（二）深度学习，在静水深流中讨论、深入

美国卓越教育联盟认为深度学习就是以创新方式向学生传递丰富的核心学习内容，引导他们有效学习并能将其所学付诸应用，强调深度学习将标准化测试与掌握沟通、协作、自主学习等能力相连接。国内学者张浩、吴秀娟则认为，深度学习要求学习者掌握非结构化的深层知识并进行批判性的高阶思维、主动的知识建构、有效的迁移应用及真实问题的解决，进而实现问题解决能力、批判性思维、创造性思维、元认知能力等高阶能力的发展。[①]从中可以发现两种定义都是基于深度学习的结果而言，都强调迁移能力，强调学以致用的能力，同时都不同程度地关注到了深度学习不仅仅包括认知领域，还有人际领域和个人领域。在语文教学实践中的深度学习首先面临的问题是需要厘清深度之"深"的方向。个人觉得它应主要指向开掘学生语言运用，及思维的培养与发展的资源与途径。让学生在真实的情境中深度融入生活，迁移所学解决生活实际问题。为此笔者结合自身近些年的实践探索，提出一些建议，供大家参考。

---

① 张浩、吴秀娟：《深度学习的内涵及认知理论基础探析》，载《中国电化教育》2012年第10期。

1.回归文本，解读有边界

一提到深度学习，作为语文老师，首先想到的可能就是进行深度文本解读。文本解读是我们的基本功，是我们课堂质量的保证，也是打开作者与编者，作者与学生，编者与学生，文本与学生的唯一通道。只有深度的文本解读才有可能产生深度的语文学习。因此本人觉得这应成为最初也是最终开展深度学习的行动。

但是，我觉得深度解读虽然是必须的，但不能无边界解读。辩证法对立统一原则是多元不是孤立的，与一元对立而统一，多元而一元才是全面的。解读须基于文本，基于目标，基于学生，基于一元之下的多元。因此笔者觉得适宜的文本解读首先来自读、多读、反复读，然后可以边读边批注，可以借助资料，同类文章阅读等方式将文本读丰富，将自己的思考逐步深入。比如统编版第五册语文教材《父亲、树林和鸟》这样一篇散文的最后一段话："我真高兴，父亲不是猎人。"面对三年级孩子怎么才能进行基于目标和学情的解读呢？表面看这句话，作者表达的是欢欣。父亲如此了解鸟，可是他不是猎人，因此鸟儿是安全的。但是作者没写出来的恰恰是他最大的担心。他担心鸟儿会因为那些了解它们的猎人而受到伤害。他希望大家都能知鸟却不伤害鸟，能真正的与自然和谐相处！人与世界，人与自然，人与自我的相处是人类的难题，而真正的危险解除是人类须学会平和地与万物毗邻而居。这样的文本解读守住了边界，自然规避掉贴标签式的浅层次学习，从而实现深度学习。

2.研究设计出有价值的大任务

任务通常是以问题的形式呈现的，因此设计文本、任务群学习的大任务是产生深度学习的前提。这些大任务，我也称其为主问题。而所谓主问题是指能统领起文章核心内容的问题。这样的问题一旦设计出来往往会起到"提领而顿，百毛皆顺"的作用。这样的问题回答距大，思考空间大，是引领推动课堂开展深度学习的主要推手，是能将合作探究活动落到实处的关键。在针对单篇文本的学习中主问题的设计需要做到以下几点。首先要明晰文本的核心内容，能用自己的语言通透地概括出来。其次要清晰目标，在目标的指导下设计主问题。再次要学习提取问题的策略。比如，学习训练从文章题目中，从中心段（句）中，从行文线索中，从资料学习中，还可以从课后练习中寻找或提取问题的策略。

课后习题既是文本的主旨所在，又相对集中地体现了文本的重点、难点，是直接披露编者意图的窗口。统编版教材特别加强了课后练习的研制，这对于我们理解教材，体会编者意图以及它在单元学习中的作用具有重要的指导作用。鉴于此笔者觉得从课后练习中提取主问题应该成为我们的一种常规做法。比如统编版十二册第五单元《真理诞生于一百个问号之后》这篇课文有这样两道课后练习"默读课文，说说'真理诞生于一百个问号之后'这句话的含义，以及它给你怎样的启发""为了证明自己的观点，作者列举了哪几个事例？每个事例是按照怎样的顺序来介绍的？"它们其实就是这篇课文的主问题。以此为例，我是想说明主问题未见得就是一个问题，有时可以是两个或以上具有内在逻辑性的承接问题。对于这篇课后出现的两个问题在具体教学实践中使用的先后顺序可以为我所用，略做调整。比如，可以在接触文章题目之后以自己的经验初步理解它的含义，然后进入第二个问题的学习研究讨论。这个问题的讨论研究的内容才是这篇课文真正核心的内容。在通透理解全文后，再次回顾第一题，结合文本和自己的生活经验说说含义及给自己的启发。第一题是第二题的心理经验，同时又是高峰体验。

3.真正落实学生是学习的主体这一理念

深度学习的第一主语应该是学生，而教师的深度学习则是为了更好地为学生带来适合地深度学习。课堂中真正发生的深度学习应该有这样的特征。首先学生的学是积极的、主动的，呈现出来的是有积极主动学习的愿望，有积极参与活动的行动。其次学生的学有生活经验和积累的融入，有思维的跃动，呈现出来的是分享的内容，发表的看法有思考，有深度，甚而有创见。接受了这样的认识，对于长期习惯在课堂滔滔不绝的我们需要做很多理念和行动上的改变，并且要付诸实际行动。行动一：控制自己课堂中讲话的时间。不妨做一个时间段内的课堂观察，记录自己的讲话所占用的课堂时间，在发现时间越来越短的前提下，分析自己每一次讲话的必要性。行动二：积极参与学生的讨论。在每一次学生学习讨论的过程中去积极参与，但切忌发表自己意见。行动三：面对开放的问题不追求标准答案。鼓励学生联系文本大胆发表自己独特的见解。

（三）融合学习，在水乳交融中探究、丰富

融合学习，在当下的教育环境中并不陌生，那么何谓融合？融入，融进，你中有我，我中有你，互为彼此，亲密无间。融合学习在语文学科中的实践，我觉得应该是在开展不同的语文学习研究中去设计不同知识领域间水乳交融的一种学习方式，也就是跨学科学习的任务群设计。让学生能够在这样的语文融合学习中掌握"可迁移"的知识，从而能成为一个心智自由的人。

这样的融合学习需要精心设计融合的项目化学习活动，实现学科间的自觉跨越。在这样的融合学习中去运用高阶学习来驱动低阶学习，让学生能够在这样的高阶学习中走向指向原理、策略的项目化学习。基于这样的认识，我做了一些探索与实践

1.创造虚实融合的阅读课堂学习情境，实现多学科融合的自觉

语文与信息的课程融合必然带来学习环境的扩展，只有建立了虚实融合的学习环境，这样的项目学习才具有了实现的可能，持续探索的意义和生命。所谓虚实融合环境主要是指通过互联网将基于课堂和社会的真实学习环境与基于网络和多媒体的虚拟学习环境融为一体的新型学习环境。在这样的虚实融合学习环境中，学科间才能发生真正的融合。比如《梅兰芳蓄须》一课的教学。

出示学习要求：

（1）借助平板电脑上的资料，自学《梅兰芳蓄须》一文。

（2）在理解课文内容的基础上，结合平板电脑资料准备一个7分钟左右快速读懂《梅兰芳蓄须》的微课堂。

课前，我们和信息学科的老师一起研读了《梅兰芳蓄须》一课，并合力为《梅兰芳蓄须》的学习做了一些资料的链接，将其导入了平板电脑，但并没有给定学习的先后顺序和学生一定要经历的过程，一定要学习的内容。这样一个大的融合学习环节设计，目的在于为学生提供一个大的思维空间，让他们能够根据自己的兴趣和擅长来选取资料进行学习，然后能在微课堂展示中带给同学多维的融合学习视界，提升融合学习的能力。课上，只需跟学生明确学习任务，一起浏览资料包，然后就把时间和空间都给了学生。

在这样一个跨学科学习任务中，语文与信息学科间不再是割裂的。《梅兰芳蓄须》的学习，因为有了信息课程的融入，学生对梅兰芳的认识更加立体丰富了。学生利用信息课程资源深入理解文本，感受梅兰芳的节操，并利用信息资源细化梅兰芳这一行为背后深刻的文化内涵和精神光照。微课展示环节，在做基于文本的表达时，学生基本能够灵活地、有创造性地运用学习资料。我们还看到了很多由此及彼的联想，感受到了学生对中国古典文化的重视与自豪。比如，学生由京剧这一古老剧种联想对非物质文化遗产的重视与保护。这样的横向比较和联想是学生自发的，无人指导的。这让我们知道，平时我们教给学生的很多东西，其实是可以通过他们自己的学习和研究发现的，而且学生思维自发地由具象到了抽象，开始关注到一些规律性的内容，而规律性蕴含着原理性，这也是学生元认知意识的建构。语文与信息学科的跨学科融合让学习变得自主自发，自悟自得。

在这个案例中，信息课不再独立于语文课而存在，而是与语文课程的相辅相成；跨学科学习不再是双方有声时间的长短比例，而是一个在另一个之中，在无声的融入中，彼此成全。

2.精心设计项目化学习活动，实现跨学科融合的自能

在对融合学习的课堂实践有了初步认识之后，我们还针对语文学科的拓展课程做了进一步的思路调整，试图从以往仅关注知识和技能的学习提升到关注概念到策略的学习，让认知水平不再仅仅局限于识记，而能够走向问题解决，走向创造。

在课外跨学科融合学习中，我们开发了多个不同年级不同学科间项目化学习的任务。下面以五年级的一次语文与科学课融合的项目学习为例进行说明。

如果你在一次旅行中，发现了一种新的植物生命物种，这个物种的奇妙之处在于它传播种子的本领十分强大。请你去写一份研究小报告，向世人介绍你的发现。

（1）要完成这样一份研究小报告，我们需要做哪些收集和研究？请至少列出二至三项。

（2）想一想：你希望向人们说明什么问题？介绍哪些方面的内容呢？至少两个方面。

面对这样一个项目学习，老师先后组织了三轮的实践研究。

第一轮的学习研究：

（1）自行阅读学习任务，想一想这两个引导性的任务，并将自己的思考记录下来。

（2）开展四人小组的研讨，分享自己的思考并能说明原因，如果有共同的思考方向请补充发言。在小组讨论建议后修改并完善自己的学习任务，组长记录下大家共同认可的话题。

（3）展示每一小组共性话题，鼓励展示想继续保留的个性化研究角度。

第二轮：

讨论：你会怎样开展你的研究呢？你想向谁寻求哪些帮助？

学生在有了第一轮思考后，再具体展开研究的时候常常感到茫然，

不知道有哪些研究方法，不知道如何开展，不知道如何利用身边的研究资源。如果说第一轮明确了研究的方向，那么这一轮的讨论就是要保证研究能有序有质量地展开。在具体开展的时候需要为每两个小组配备一名指导老师，随时为孩子们提供研究咨询，并为其撰写研究报告提供帮助。

第三轮：研究小报告展评。

这一展评要多渠道多平台展示，一为鼓励学生研究的热情，激发兴趣，增加项目学习对学生的影响。二为通过分享为该项目的学习进一步深入提供经验和启发。

综观这一案例学习，我们深觉融合学习要体现不同学科在知识、技能、方法或情感等方面的目标达成，首先要在知识点传授这个方面体现融合。本研究设计将五年级语文与科学学科融合，试图将语文学科中的撰写研究报告及事物特征描写等知识融入其中。科学学科知识则体现对植物及其种子传播的知识点掌握，试图通过一种植物的描述，拓展到植物播种多种方式知识的迁移掌握上。应该说这一设计达成了在明确的任务驱动下，将学生的被动融合转化成学生的主动融合。

3.巧用语文学科内蕴含的习作融合资源，实现资源融合的自省

很多时候我们在阅读课堂的教学中将写作知识生硬地灌输给了学生，学生获得的仅仅是写作技巧的名词，而非实际能力。究其原因，应该是我们在阅读教学中的所谓写作渗透很少剖析过程，还原现场，将现场与语言进行对比，以直观形象地描写深入学生心灵，感悟语言的魅力，理性认识写作的技巧对于我们运用规范妥帖的语言文字进行表情达意的重要性。阅读教学中存在着的这一简单、想当然的写作渗透，对于学生来说无疑会影响他们对语言的感受，同时也会一定程度上影响他们阅读能力的提升。笔者在课堂实践研究的过程中不断进行教学设计中的写作融合学习设计，虽然没有科学系统的评价体系来评估其效果，但是经过两年多的实践探讨，学生的语言表达能力，习作水平的整体提升非

常明显。

下面以五年级下册《不可思议的金字塔》教学为例作具体说明。

《不可思议的金字塔》在教材中的呈现方式是独具特色的，完全是一种资料式罗列。从形式上看，它可以分为两部分：数学绘图和文字表述相结合，纯文字表述。在排版上它是批注和文本同时呈现。在教学这一文本时，为了帮助学生透彻理解其中包含的数学与物理知识，我在课前特别学习了这方面的知识，与数学老师进行了一个深入地探讨，然后又进行了埃及的金字塔相关说明文的检索。研究透彻后，针对"数学绘图和文字说明"这部分教材内容我设计了这样的教学。

（1）自读教材，思考：你读懂了哪些内容？

（2）四人小组讨论，分享自己读懂的内容，讨论各自不懂的内容；整理小组学习研究的成果，提出共性问题。

（3）教师补充相关知识，比如四棱锥体的概念，如何计算它的面积、体积等。

（4）结合教师的讲解，小组内重新思考共同不懂的问题，进行讨论并分享。

（5）出示删减后的说明文《埃及的金字塔》，结合这一资料感受语言的描述，进行对比式阅读，直观领悟说明方法对于说清楚的重要性。本文的说明方法主要有：列数据、做比较、打比方、做解释和举例子。

比如，教材中出现一个四棱锥体和两组数据：

① 胡夫金字塔建筑之初塔高约147米，塔底边长约230米。因年久风化，现塔底边长220多米，塔高约137米。

② 塔的重量：约600万吨；塔的面积：约52900平方米；塔的体积：约258万立方米。

面对上述图片和数据，我们需要去认识四棱锥体这个概念，并结合图形和图片对金字塔进行深入认识。通过两组数据认识金字塔的宏伟，融合自然科学知识了解"风化"，理解金字塔在漫长岁月中的风化程度。

最后出示《埃及的金字塔》一文中的一段表述：古埃及各王朝修建的大大小小的金字塔共有70多座，其中最大的是开罗近郊的胡夫金字塔。这座金字塔地高度据推测原来约147米多，相当于50层高的摩天大厦。塔底边长约230米，绕金字塔一周，差不多要走一公里的路程。虽然现在因年久风化，塔底边长缩短了，但是也有220多米，塔高也约137米。据相关资料显示，为了建造这座金字塔，经常有10万人在烈日曝晒下干活儿。全部工程用了整整30年时间。

（6）读写结合：呈现中山陵的资料，结合资料运用学到的说明方法练习描写中山陵。

通过绘图与文字表述的对比，学生更直观地对说明方法有了深入地理解，化为已用的适切性才会随之提高。

（四）凝神听读，在反复朗读中回味、辨析

所谓听读，顾名思义，就是听别人读。但是当它作为一种阅读教学的方法时，"听"就变得丰富，变得有层次了。而"读"可以是老师或同学现场读，可以是录音、视频读。这是一种既熟悉又陌生的阅读教学方法，是一种既传统又现代的阅读教学策略。

在具体操作中，我将其分为三步骤进行。首先是听读，关注文本概要性元素。主要用以初步感知文本，激发对文本的阅读兴趣。其次是师生共读，关注文本细节，捕捉自我独特体验。它主要用以品评文章细节，体味文章表达之妙，积累语言。最后是学生自读，回味细节，领悟文章结构，情节与语言表达的独特魅力，学以致用，并进一步练习朗读。在这样的三步骤的描述中，我们不难看出 "读"与"问题"是核心元素。

朗读：多形式展示，在兴致盎然中提升语感。

这一策略有三次朗读，但是每次的形式都不一样，都伴随着不同学习阶段而展开。（见图2-1）

次数	一	二	三
朗读形式	听读：四选一（1.师范读；2.生申请展示读；3.视频；4.音频。）	品读：师生配合（学生随机）	赏读：学生自读；分工读（分角色读，分自然段读，男女生对读等等。）

图2-1　朗读形式

　　采用不同朗读的形式就是为了有效地激发学生参与阅读的兴趣，训练学生倾听的专注度。没有适当的形式来帮助学生达成目标，对他们来说目标就是枯燥的、无趣的、乏味的。同时通过三次朗读来推进课堂的进度，贴合语文学习的规律，每一个课堂阶段语言的学习都会直接显示在学生的朗读水平上。"书读百遍，其义自见"朗读与理解互为意义，互相促进。用朗读推进课堂既是对上一阶段学习的检查巩固，同时也是对下一阶段阅读学习材料的开启与体味。因此，在这一策略中看似简单的三次朗读不同的形式也直接决定着学生听与思的效果。

　　一是听读。听读，无疑学生是以听为主，不需要打开书。那么听谁读呢？一般采用的朗读者以及形式有教师配乐朗读、视频、音频，学生展示配乐阅读。在长期试验下来后，本人觉得这四种形式都很受学生欢迎。每一种朗读的形式都各有千秋，穿插使用效果尤佳。需要注意的是，朗读的质量关系到听读的效果，因此呈现的朗读需要准确熟练，有感情，能做到抑扬顿挫，语音、语调以及停顿要准确、清晰。一句话，要确保朗读的质量。每一次课前如果是教师现场读，那就需要反复练习，并且配好音乐，确保现场的效果。如果视频或者音频要精心挑选，比较鉴别，选出最好的。最需要提前准备的是招募学生的朗读。教师需要提前招募，预约好以后要及时跟踪督促，并要进行多次试听。以期能让学生的每一次听读成为一种享受，成为一次润物无声的阅读训练，一种美的熏陶。此外，听读无须打开书，这就需要学生凝神静气地听，在听中思考，在听中被自己感兴趣的地方吸引。但是因为是听，不能打开书，也就没有办法对自己感兴趣的地方进行反复阅读以解趣点，因此这就埋下了再次阅读的期待。

二读是师生共读。这一读中教师的朗读要带有一点表演的性质，要能带动起学生的情绪，激发起学生参与朗读的兴趣。这样形式的朗读，不是分角色读，也不需要提前固定好每个人要读的内容。在读的过程，教师走到谁的位置前就是谁读。这样的设计看似随机性大，实则是教师利用这样的形式加强对课堂的调控策略之一。它能够有效调动学生听的主动性，让学生改被动为主动地、不知不觉地提升了听的专注度。这样的随机指读对于学生来说挑战性很大，虽然上课朗读时不需要一定模仿老师的语音语调，但是语感要正确，要能把自己感性的理解初步体现在朗读中，有适当的轻重音处理。这些要求对于小学生来说其实是有相当难度的。学生在这样的朗读形式和要求中势必会为了上课能随时参与到这样的朗读活动中，课前去主动进行很好的预习，自觉对自己的朗读水平提出要求，并进行积极的训练。采用这样的朗读形式，培养的不仅是学生的专注度、朗读水平，而且也可以让学生在积极地参与互动中加深对文本的理解。

三读是学生自读。这一次的读一般情况下可以分为两个层次进行。第一层次的读主要安排学生自读，咀嚼回味课堂至此本人获得的对文本的理解和感悟，力图通过朗读来表达自己的收获。这一层次的朗读本人认为应给足时间让学生静心进行练习。第二层次的朗读主要表现为分享朗读，传递自己对文本的独特领悟。这一朗读分享的形式可以根据具体文本进行设计选择，比如，分角色朗读，男女生对读，甚至表演性朗读，等等，都可以！

三读，融合了多种形式，层层深入，层层递进，既激发了学生朗读的兴趣，提升了学生朗读的水平，同时也训练了学生的专注度，进一步加深了对文本的理解和感悟。可是一节语文课虽然没有读是不行的，可是仅仅有读也是不够的，在三读中应该有与之相呼应的，能够引导点拨学生对文本进行思考和感悟的问题。因此这一策略必然伴随相应的问题设计才会实现其应有的价值。

2.问题：多层次构建，在活动体验中发展思维

三次朗读，三次朗读与文本的亲密接触不是为读而读，为关注而关注，而是想更好地将阅读与思考相结合，将语文能力的提升贯穿其中，希望在真正的阅读活动中来加深对文字的理解，培养孩子敏锐的语感，进行思维的训练，鼓励孩子珍视自我独特体验，敢于表达并善于表达。因此为达成这样的目标，三次朗读中都伴随着不同的问题。下面我将以《狐假虎威》一课为例来谈一谈三读问题的设计。（见图2-2）

阅读进程	第一次	第二次	第三次
阅读问题	共性：你对这篇文章有了哪些了解？你知道了什么？ 个性：（1）这个成语中"假"是什么意思（在课题中圈出这个字，强化记忆）。 （2）听的时候还要特别注意：老虎想干什么？结果怎么样？狐狸想干什么？结果怎么样？"	请特别注意故事中狐狸、老虎和百兽的那些好玩的小表情，小动作，还有，他们说的话，做的事。想想好玩在哪里呀？	读完请用笔圈划出文中的四字词语，想一想，发现其中有意思的四字词语，尝试选择自己喜欢的1-2个词语进行说话练习。可以和同桌进行分享。

图2-2 《狐假虎威》三读问题设计

横向比较，我们不难发现问题的架构路径，由整体感知故事，关注主要人物的主要事件到关注故事细节，品味语言，想象语言内含的心理活动，让故事更饱满有趣，最后进行语言的积累和运用。应该说，这样的横向问题设计框架导向的是学生在关注故事情节的同时，更重视对语言的品味，在语言的品味、习得中让故事更深入人心。情节与语言相互融合，相得益彰而又不支离破碎，让学生立体感受到语言带给故事的强大魅力。"语文课程应激发和培育学生热爱祖国语文的思想感情。"如何激发和培育呢？笔者认为，针对小学生而言，形象直观地让他们从语

言的品味中感受到语言带来的乐趣是首要的。而这份乐趣反过来会影响学生对语言的感觉，渐至热爱！

而对这三读中的问题设计进行纵向分析则更利于这一教学方法的完善。

在第一次听读中设计问题的指向应该是利于整体把握文本。因为其属于了解性知识，所以个人觉得问题的空间不能太大。只有慢慢接近内核的分步问题设计才能让学生在这样的分部解析中掌握整体把握文本的策略。因此，我设计了共性和个性相结合的问题。所谓共性是指适用于所有文章的问题，完全开放，用于散点了解文本内容，共享所得，并能借由小难度，多辐射，激发兴趣。而个性问题自然就是指向本文所特有的问题。小学阶段的文本绝大部分是叙事写人的，因此这类文本在个性问题设计上可借用"谁因为什么而做了什么，结果如何？"这样的句式来分化并突出主要内容的关键性元素，为整体概括内容做好准备。

第二次听读中的问题要指向文本的核心内容，进行细节品评，因此问题要能囊括全篇，涉及到文本的结构及遣词造句。我在这一课中紧紧抓住推动故事发展的狐狸和老虎双方的动作表情和心理描写，尤其是我用"小"和"好玩"这两个普通的词语创造了一种贴近儿童心理的趣味课堂，让学生在有滋有味中不知不觉兴趣盎然地跟我一起来品读故事，领悟语言表达之妙。过程中，我还利用前后文故事发展的顺序进行这三类细节的想象说话，在训练发展学生思维能力的同时进行一种推测性言语表达方式的渗透。如此不仅可以让学生领悟遣词造句的精妙，更是让这样一种表达的方式根深蒂固地活在了孩子们的心中。

第三次问题设计明确地指向了积累与拓展运用。语言不经内化就只是一堆符号，没了实际意义。因此在细细品读语言后，安排第三个层次的语文学习就应该指向积累与学以致用的目标了。因为本课是一个寓言故事，真正精粹的部分应该就是一连串成语的使用，所以我把目光聚焦在了成语的积累与运用上。而在具体的学习中我把时间和空间都给了他们，自己发现规律，发现秘密，自己理解、拓展、说话，将积累、理解和运用一次性完成。

3.讨论：多维度接纳，在不同的观点中融合丰富

三次听读的学习，虽然各有侧重不同，但是讨论合作的学习方式贯穿始终。一读中对"你知道了什么？"学生间针对同一个内容会出现不同的认识与诠释，二读中对于文本出现的那些细节描写会出现两种情况。其一可能会有遗漏，其二在思考想象表述中每个学生的想法会不一样。三读中对于积累的成语结构、不同语境的意义以及说话练习会存在不同认识。诸如以上出现的这些多样化需要正视，同时也需要在解决问题的过程中给予学生包容与接纳的视野、胸襟的培养。

随着时代的发展，学生对问题的看法越来越多样化，也有了更宽泛的接受度，甚至对故事所揭示的道理都有了新的诠释。在这样价值多元的时代，我们再也不能守着一成不变的答案，在原地守株待兔了。我们需要与时俱进，需要学会接纳，学会融合，因此在具体问题的讨论中，我不设标准答案，只要能自圆其说，有理有据均可。正是这样的开放和包容课堂讨论出现争论时，他们依据文本各自都试图说服对方。可是虽然是争论，但是文雅和气，说的人理直气壮，有理有据，听的人认真专注，尊重对方。

整个学生讨论的过程中，我没有参与，只是简单的组织他们。我看到了那些持有不同观点，但是听对方说完能主动表示对方也很有道理地理性客观的态度。其实，我一直觉得，何谓教育？它绝对不是我们要说多少道理，而是我们能给孩子提供多少情境中的同化，环境中的浸染熏陶。

（五）精准问题，在潜心会文中批注、涵咏

批注式阅读近年来在阅读课堂中高歌猛进，我想原因主要是因为其能较好地发挥学生的主体作用，培养学生自主阅读能力。另外它所关注的是学生在阅读过程中的独特感受，可以充分张扬学生对文本的自我理解。因此这里的"批注式"阅读主要是指在小学中高年级的阅读教学

中，学生能根据阅读主题，结合自身生活经验和知识储备，主动地将读思结合，多角度地通过眉批、旁批、尾批和夹注等形式对文本进行深入、独特的解读。"批注式"阅读作为一种阅读的策略，它在提升学生学习能力方面的影响是毋庸置疑的，"方法是能力的核心"。为了能更好地引领学生学会批注，养成这一良好的阅读习惯，在"批注式"阅读中，我们需要统整全篇，确定一两个相对集中的问题情境供学生阅读思考，品评感受。那么如何提取这样的批注问题呢？

1.从题目中提炼

题目是文章的灵魂。我们往往可以从题目中窥其义、得其趣。命题的方式有许多种，但无论是哪一种，作者都会抓住中心事件的一个方面，那么就要充分利用文题，从文题入手提取可供学生批注阅读时思考的问题。如部编版六年级上册《夏天里的成长》一文，在确定需要思考的问题时我们就可以抓住题目中的关键性词语"成长"，就此提取研究问题："夏天里什么在成长？很多事物的成长，包括人的成长短时间里是人眼不可见的，文本中夏天里的成长会是什么样的呢？请联系课文相关描写谈谈自己的看法。"学生根据这一研究问题品词析句，阅读文章，使得批注可在相对集中的问题情境下具有针对性，并可以让思考更深入更全面。有这样的主问题引领，学生的发现才有可能不仅仅是"夏天是万物迅速生长的季节"，他还会发现作者为了表现夏天是万物生长的季节选择了各种各样的事物作为例子，从而让我们感受到了夏日的生机勃勃。有了这样进一步的理解，他们的批注才有可能出现真感受、真体验。

2.从中心句中提炼

所谓中心句，就是文中可以点明中心，提示全文主旨的句子。教学中若能抓住这样的中心句提取统领全篇的问题，学生思维的空间将会得到大大的拓展，"思维的触角将会伸向每一个自然段，每一个关键性的句子和词语"（钱梦龙语），如《珍珠鸟》一文，抓住中心句"信赖，不就能创造出美好的境界吗？"以此提炼出可供学生思考的问题情境：我和小珍珠鸟是如何建立信赖的？信赖能创造出怎样美好的境界呢？请联系生活谈谈自己的看法。在批注时，学生不光看到了大家都能看到的一步步接近过程，更重要的是学生还能从语言表达的角度生发自己独特的感受。如：文章开头的"真好！"一生如此批注"如口语式的开头，让我感受到了作家对鸟儿情不自禁地喜爱。喜爱到来不及用优美的词语，一看到便脱口而出，自然中饱含真情。"我想如果我们没有提供给学生有足够思维空间的问题是不可能看到如此精彩的批注的。

3.从行文线索中提炼

"文章思有路，遵路识斯真。"教学只有循着这样的思路才能层层深入，抽丝剥茧，最终得以享受语言，突显主题。只要抓住行文线索就可以简化头绪，使文章条理化、清晰化，也便于提取出可供学生进行"批注式"阅读的问题。如《巨人的花园》一文，多线运用，让故事充满神奇和不可预测的变化。其中有巨人前后变化的线，花园变化的线，有孩子活动的线。三线时而并行，时而交织，对比强烈，学习时若能启发学生在三线并行、交织中感受对比的写法，梳理前后的变化，深入句段去真正体会巨人的内心，发现巨人其实并不是一个自私、冷酷的人，只是因为独居太久，不懂分享，孩子们的出现让巨人的善良自然而然表现了出来，并一发不可收拾。抓住行文线索，文本的体悟才会逐步走向深入，学生的批注才能深入本心，潜心会文，课堂也才能简洁、灵动而高效。

4.从过渡句中提炼

其实任何一篇文章都是一个整体，是一个球状物，我们在研读文本时就要善于寻找切面间的连接点，即文章中出现的承上启下的过渡句或过渡段，由这样的一个点中间开花，勾连全文，从而提炼出值得学生批注思考的问题来。如导读《天窗》一课时，我抓住了"小小的天窗是你唯一的慰藉"这样一个过渡句，提出了"在什么情况下小小的天窗成了孩子们'唯一的慰藉'？""作者透过这小小的天窗看到了什么，想到了什么？你觉得天窗真正慰藉了小作者的是什么？"要求学生结合文本想一想，写出你的理解与感受，再通过朗读表达出来。由于问题提出过程中注意到前后连接，便于学生接受，因此学生的批注体验真实有趣，在欢乐的氛围中达成目标，学得轻松愉快。

5.从课后习题中提炼

课后习题既是文本的主旨所在，又相对集中地体现了文本的重点、难点，是直接披露编者意图的窗口。注意认真研究课后习题，常常能带给我们许多启示，收到意想不到的效果。抓住这样的习题，就能提取出"批注式"阅读的思考问题。如导读部编版五年级上册《圆明园的毁灭》一文时，我抓住了课后习题"课文题目是'圆明园的毁灭'，作者为什么用那么多笔墨写圆明园昔日的辉煌？和同学交流你的想法。"据此我提取出了阅读思考题"作者是如何表现圆明园的毁灭是中国文化史乃至世界文化史上不可估量的损失的？你觉得作者用那么多笔墨写圆明园昔日的辉煌与此有关吗？"这样就明确指导了学生在进行"批注式"阅读时必须通过品词析句，聆听内心的声音去为圆明园昔日的辉煌而骄傲，更痛心今日的沦丧，从而激发学生的爱国之情，激起他们为祖国而奋发努力学习的决心。

针对小学而言，有效开展"批注式"阅读的关键在于问题的提炼要精当，既要能统帅全篇，又不能空泛模糊；既要有对文本内容的品评，更要有超越文本的思考空间。以巧问妙设导引批注。在批注后的交流中教师要精研如何利用交流拓展学生的思维，学习多角度的批注。比如："一点开花"讨论法。顾名思义，它就是学生在共同对文本重点段或重点句进行阅读、批注后鼓励积极交流，并及时梳理学生批注的文字，发现不同，生生共享，习得多种批注的角度。再如：两相比照双赢法。它主要是指教师在学生自主批注后，将自己精心批注的文本展示给学生看。让学生通过对教师批注的观察、学习，反躬自己的批注，在两相比较中，品味出老师批注的妙处，自己批注的独特之处，以及自己受老师批注的启发所产生的新的批注。教学过程中要让学生在讨论中充分感受批注的不拘一格，体会批注对个人内心独特感受的承认和宣示。

"批注式"阅读，让学生在阅读中不仅能自由表达个性化的解读，呈现缤纷的感悟，获得语文的能力，更能激发起他们对文字、对生命充满朝气的热情与爱。

（六）读写结合，在语言探寻中发现、实践

"语言运用"学生核心素养之一。新课标指出"核心素养的四个方面是一个整体。""在语文课程中，学生的思维能力、审美创造、文化自信都以语言运用为基础，并在学生个体语言经验发展过程中得以实现。"在阅读教学中"语言运用"的实践一般会以"读写结合"的形式呈现出来。读写结合，以其寓写于读，以读促写，写提升读而备受一线老师的青睐。潘新和教授认为："从广义上说，阅读只是一个过程或手段，写作、言语创造、言语生命的自我实现才是语文教育的终极目的。"①基于这一理念，我多年来始终致力于在阅读教学中研究、寻找适合儿童的情趣盎然的读写结合点。

1.取材于人，用文中之人的互动落实语言

在学习文本的过程中，老师要通过充满情趣的话题设计让学生能够为文本内容所深深吸引。在精彩的内容展现中，教师要善于抓住文本有特色的语言训练点，利用文本中人物间的互动进行有趣有效地语言训练，这样能进一步激发学生参与的热情，激发学生创造性表达的激情。如《杨氏之子》中想象孔君平与杨氏之子的对话，《王戎不取道旁李》想象王戎与那群小朋友的对话，《一只窝囊的大老虎》中想象"我"与同学（豁虎跳）现场的对话，以及"我"与老师的对话。这个语言的迁移训练最大的特点是练写对象直接运用了文本中人物，让文中人物实现

---

① 潘新和：《语文教学的新范式：写作本位——走向以写促读，以写带读，写读互动》，载《语文教学通讯C》2011年第9期。

互动。撷文本之源，取源中之景。这就使得整个语言训练紧紧依托文本情境，依托文本的言语形式，在文本真实的情境中进行语言运用的练习。这样的练习因其情境性强，既可以有助于理解文本，同时语用的效果也会非常令人期待。

2.取材于事，用文中之事的补白训练语言

有趣的对话，新鲜的情节，这些都能让孩子们兴奋不已。教学中如能利用文中这些学生容易感兴趣的地方来进行语言训练将会在增强课堂情趣性的同时，大大提高课堂的效率。如部编版四年级下册《宝葫芦的秘密》一文学到最后，在学生都被神奇的宝葫芦吸引之后，我出示了这样一个说话训练："你想拥有这样一个宝葫芦吗？如果你真有了宝葫芦，你想让它实现你什么愿望呢？为什么呢？想一想，写一段话。"

这一练笔我是根据学生喜欢新鲜事物的猎奇心理而设计的，于是一下子就调动了学生写作的兴趣。同时它还留有足够的空间给学生发挥想象力。既是对文本的关注，语言的训练，也是对想象力的一种培养，对不能不劳而获思想的一次强化。

3.取材于形，用文中之形的仿写丰富语言

很多文本中的语言极具形式美，教学中，我们要有这样敏锐的语感，感知到这些句段，并能通过各种不同的方式引领学生进行学习。重要的是还要能及时设置情境进行语言的训练，将知识转变为能力。如，描写动物外形的，部编版三年级下册《燕子》中的"一身乌黑光亮的羽毛，一对轻快有力的翅膀，加上剪刀似的尾巴，凑成了那样可爱的活泼的小燕子"。五年级上册《白鹭》中的"色素的配合，身段的大小，一切都很适宜"。"那雪白的蓑毛，那全身的流线型结构，那铁色的长喙，那青色的脚，增之一分则嫌长，减之一分则嫌短，素之一忽则显白，黛之一忽则显黑"。这些外形的描写因其句式的整齐优美，描写的妥帖而值得我们去品味、去积累、去运用、去丰富我们的语言表达。

4.取材于图，用文中插图的描写充实文本

好的文字会有很多言已尽意无穷的想象空间，读者需要借托文本或其他途径想象加工，进行二次创作。文本插图应该是编者提供给学生的一个比较方便快捷的媒介。插图比起文字更加形象直观，更得儿童欢心。好的插图本身对文本就有补充说明之意。教师若能善加运用，应是帮助学生深入理解文本和进行语言训练的一个很好途径。如：部编版三年级下册《宇宙的另一边》的插图中那个窗口的孩子与广袤的宇宙形成鲜明的对比，带给人更广阔的想象。部编版六年级下册《那个星期天》的五幅插图，"我"打发等待的行为以及心情的变化一览无余，学生可以看图代入自己的生活，写写自己生活中曾经经历的漫长等待过程及心情变化，加深他们与作者的共情，利于更好地理解文本，体会作者的感受。取材于图，关注插图，结合文本内容的理解，学生可以放飞想象，写出很生活，很有趣，甚至很美的语言。

5.取材于境，用文中之境唤起生活来练笔

建构适合文本的情境，需要教师反复研读文本，最大可能地去揣摩作者的意图，保持文本原有的感觉。唯如此，课堂情境的创设才会与文本的气质相吻合。在这样一个情境中展开教学，学生的思维、语言会异常活跃，我们要能适时利用这一情境帮助学生自然打开生活，联想生活，回忆生活，情不自禁地想去描写那些与文本情景相类似的生活画面。这样既可提取生活中的积累来学习语言，也可以训练提高我们的语言表达能力。如，部编版四年级上册《走月亮》一文学习结束后，我在温馨的走月亮情境创设中，设计了写话练习："孩子们，你曾经在月下漫步过吗？和谁？那时的你在做什么，又想起了些什么呢？拿起笔来写一写吧！"

走月亮，除了学语言，还有一种月下的意境、心境的滋养，这就是所谓的文本气质。阅读教学的写作在负载提高学生表达能力的同时还有理解文本，深化文本意境、主旨的作用。走月亮，生活中一个非常富有诗意的举止，我想让学生打通生活，联系生活，因此我觉得此时的写作应该有学生生活介入。果然，课堂上孩子们所展现的月下漫步生活诗意横生，充满童趣。这样的表达因为生活的介入语言显得活泼清新，与课文的意境不谋而合。

6.取材于趣，用文中之趣激趣引入来练笔

儿童的特点是什么？"游人不解春何处，只拣儿童多处行。"儿童是春天，生动，活泼，希望，爱打爱闹爱笑。因此，要根据儿童的特点，善抓文本中的趣点，激发他们的兴趣，在快乐放松的氛围中利用趣点衍生话题进行语言训练。

如《一块奶酪》小蚂蚁们的行为太有趣：为了那点掉下来的奶酪渣子，队长命令他们休息一会，可是"听到命令，大家放下奶酪，却不走开"。队长再次让他们走远点，但是"大家依旧不动，眼睛望着别处，心却牵挂着那一点奶酪渣子"。他们这些行为告诉我们他们在想什么呢？队长两次的强调休息，当时它心里又会想些什么呢？另外，文中还有两处这样的表达："大家一听，都来劲了，争先恐后地赶到运粮地点，抢着抬大的，搬重的，谁也不愿偷懒。""大家又干起活来，劲头更足了。"可以启发学生思考，两次来劲的原因是什么？如果能够前后文对照就会发现共同点，用几句话完整回答。最后启发学生联系生活表达：你遇到过这样的情况吗？当时你是什么身份？你怎么想怎么做的呢？写一写。

尊重儿童，尊重语文，将语言的发展建立在学生趣味的基础上，建立在对文本内容关注的基础上，建立在课堂自然轻松的氛围中。读写结合式的语言训练唯如此方是以人为本，方能真正实现言情合一。

（七）课内习作，在明晰要求中创想、表达

细读新课标"表达与交流"的学段要求，我们会发现激发学生表达兴趣，给学生写作自由的空间是新旧课标一致的观点。两版课标都鼓励学生"写自己想说的话"，"能不拘形式地写下自己的见闻感受和想法"，"懂得写作是为了自我表达和与人交流……珍视个人的独特感受，积累习作素材。"温儒敏教授认为这是写作教学的亮点所在。仔细分析这些不同学段的要求，它最终的指向是达成自由表达和有创意的表达，而有创意的表达是以能够自由表达为基础的。基于这样的理解在课内习作指导的过程中我在尊重每一个单元语文要素的前提下，在细读每一篇习作具体要求的前提下着意追求有章法的自由习作。

1.建构全篇，确立标准

小学生的书面表达经历了写话到习作，从写一句话到几句话再到整篇的过程。这是一个循序渐进的过程，不过三年级开始我们要重点培养学生表达成篇的意识和能力。只有建立了篇的意识，学生的叙事才不会因为不断进阶的各种习作重点而被忽略，要让学生牢固树立那些进阶的要求，那些叙事的方法、技巧都是基于重视事件完整性，常规叙事基础上的。因为在长期的习作教学实践中，我发现学生不是不关注每一次习作的要求，而是太关注每一次习作所谓的训练重点，这样就导致了学生习作时有意让本单元的训练重点在具体习作中"喧宾夺主"以期达到表面上的符合本单元习作要求的假象，却忽略了整体叙事的节奏。为此，我在习作教学、评改过程中加重了对篇的指导与评价比重。首先是指导时从篇入手，先篇后段。无论是要求解读还是例文学习时都坚持先看整篇，肯定篇的完整、清晰，再关注细节。引导学生关注习作要求中关于篇的显性或隐性要求。比如，部编版五年级下册习作四的习作要求中有这样一个要求："回想一下，当时发生了什么事？事情的前因后果是什么？把这件事写下来，特别要把这个人当时的表现写具体，反映出他的内心。"这段话对篇的要求其实是很清楚的，但是在细节指导上教材安排了一个例文片段和多角度描写一个人当时表现的指导，即使是在后期修改建议上也是只关注了细节。因此不可避免地就会对本单元的训练要点做一个相对重点的关注。而这其实是会对学生造成一个心理暗示的。在具体习作指导时我们就会将关注细节的指导前置，然后再来解读整篇的要求，希望能以此强化篇的完整性。在解读常规例文时会强化学生认识篇的整体完整、清晰又真诚，且如何让细节的精彩更加引人注目，以及细节优秀仅仅是为篇的优秀加分而已。但是，一旦篇的撰写潦草、应付，即使细节再优秀也难免习作需要退回重写的结果。其次是在作文评价中，我确立了篇的整体优秀习作才是优秀的，而仅仅细节精彩算不得好文的这样一个基本评价标准。评价标准就是指挥棒，学生因此而分外关注篇的叙述，关注习作的整体建构。

2.关注要求，量读例文

在日常的习作指导课上，我们通常会看到习作指导课的全过程热闹非凡，但是属于学生默思静写的时间却非常之少，学生的课内作文几乎都是带回家经家长辅导完成的。偶有作文指导课的公开教学，老师们会积极创设热闹的情境，体验的机会，例文的精读细品，但是却舍不得给出充足的时间让学生去写一写。仅有的几分钟练笔还一般只写老师认为的精彩的一两处。长此以往，我想学生原有的谋篇布局的能力不是在加强，而是会被弱化；学生成文的能力不会提升，甚至会倒退。另一种状态就是家常作文课。通常情况下老师会在揭示本次作文题目后，指导的过程几乎只简化为请一名学生读读习作要求，再好一点的做一点简单解释然后就开始让学生习作了，遇到更不重视习作指导的就直接布置回家完成习作了。

习作指导课意在指导。指导学生如何去分析理解作文要求，指导学生如何选材、构思和写作。比如，同样是部编版五年级下册习作四。我会首先引导学生将要求版块化，学生会发现这一习作要求分为了四部分：第一部分要求，第二部分范文，第三部分具体描写角度指导，第四部分分享、修改建议。接着引导学生解读第一部分，经过讨论，我们会清晰这样几个要求：（1）补充完整题目，题目所展现的空间要能涵盖事情；（2）文章以事写人，要写至少一件完整的事情，写清它的前因后果；（3）要突出表现人，也就是题目中的他在事件中，关键节点上的具体表现。第二和第三部分的学习，我是教给四人小组来解读的。交流时学生建议可以将两个部分整合起来运用。我觉得这是一个了不起的建议，是对教材的一次再开发。因为这样更能充分发挥范文的示范作用，同时可以将细节描写角度的指导直观化，让学生理解得更透彻。第四部分主要是对修改方法的建议，学生通过默读明晰了发现习作问题的方式，以及进一步修改习作的重点。这样的要求指导我觉得才指出了实在处、关键处。接下来我还安排了三篇完整例文的欣赏。我的习作指导课一定会安排至少三篇以上的例文欣赏。主要形式就是边朗读边欣赏，让学生直观感受本篇习作的具体写法。我想从例文出发，兼顾各个层面的学生，让他们在不同的例文中找到自己的方向标，才更有利于启发学生产生自己独具特色的创意表达。

3.以赏为主，关注全员

在长期的教学实践中，对于作文批改这件事我始终坚持鼓励为主，学生的习作常使我激动、满足。苏霍姆林斯基曾说过："在人的心灵深处，都有一种根深蒂固的需要，就是希望自己是一个发现者、探索者、成功者。在儿童的精神世界里，这种需要特别强烈。"读着这样的一句话，我不觉又想起另外一句话：从优秀走向优秀，用成功激发成功。成功者的体验是心飞扬，思绪飞扬，世界飞扬，然后生出万丈雄心：其实，我还可以更好！这种自信的激发、引导在儿童的精神世界里表现得更明显、更有效。因此多年来我一直秉持这样的理念，主要从两个方面来践行这一理念。首先是宽松的习作评改。我觉得它可以让学生拥有成为一个成功者的心理体验，可以增强学生习作的兴趣，让学生敢于自由表达、有创意的表达。因此我们的评改一定要本着鼓励、激发的原则，宽松评改，多肯定，少改动。宽松产生自由，自由激发创意。我以为这是能够达成提高学生习作水平的有效途径之一，也是促进习作学习产生良性循环的重要一环。其次就是作文评讲。我的评讲形式可能会感觉比较单一，但是却是这么多年我觉得最有效的方式。边朗读边赏评，再朗读再赏评。每一篇习作都是如此，所不同的就是每次朗读的作品既保证最优秀的习作不被淹没，也保证一定数量有进步的学生作品被挖掘，还有个别学生只言片语的精彩展评，或者即使不精彩，只要跟自己比有进步的也会选择片段进行展示。总之，我会创造各种机会，甚至因人设标，最大限度地给所有学生的习作被展示、被肯定、被嘉奖的机会。

三、样态：国家课程师本实施研究的实践样例

在慢养语文理念的指导下，在长期的实践中我积累了大量的案例，有的以解读思考的形式呈现，有的打破格式，以实践与反思的形式呈现，有的直接以教学设计的形式呈现。在具体的选择中我遵循着由单元整体到篇的逻辑展示了不同文体文本的实践案例，以期能带给大家一点启发。我主要选择了部编版五年级上册第一单元、六年级下册第五单元的单元整体解读与思考；五年级上册第四单元文本《圆明园的毁灭》和第六单元文本《父爱之舟》的文本把握；四年级下册第六单元口语交际《朋友相处的秘诀》实践与反思；三年级上册第八单元文言文《司马光》文本解读和教学设计，以及三篇教学设计：四年级下册第七单元略读课文《黄继光》，五年级上册习作《习作六》，六年级下册第三单元精读课文《那个星期天》。

部编版五年级上册

付真情于万物

——五年级上册第一单元的整体解读与思考

部编版五年级上册第一单元的人文要素是"一花一鸟总关情。""一花一鸟"不是宏大物体，很细微，用以指代世间万物。"一花一鸟总关情"换言之即万物有灵且美，我们可赋真情予万物。语文要素有两个。一是"初步了解课文借助具体事物抒发感情的方法"，更多指向于指导本单元阅读教学。二是"写一种事物，表达自己的感情"则指向了习作。这两个语文要素之间彼此关联，密不可分。结合起来看人文与语文要素，不难发现本单元的

主题其实就是让学生能学会用真情去爱世间万物，与万物相得，并能学习用世间万物来表达真情，让情感归宿于具体事物。再看本单元内容，精读课文《白鹭》《落花生》《桂花雨》，略读课文《珍珠鸟》，这四篇文本体裁均是散文。而习作《我的心爱之物》，以及《语文园地》的内容安排都是紧扣单元要素的。四篇阅读，包括"日积月累"中的诗歌《蝉》，单从题目看就不难发现都是描写事物的，走进四篇阅读文本我们更会深刻感受到"一花一鸟总关情"，这些诗文大家们都巧妙地将"情"赋予在描写的具体事物上，他们或表达喜爱、寄托情感，或启迪思考，典型地体现了"借助具体事物抒发感情"的这一方法。由此，笔者认为这一单元从整体角度思考教学的主题就应该将落点选在"具体事物（一花一鸟）""表达情感"这两个关键词上。

本单元四篇阅读课文皆为散文，作为散文，在教学中正如王荣生教授所言：要建立学生与"这一篇"课文的链接。因此，尤需要让我们的教学始终在"这一篇"里，让学生去感受作者的独特经验，独特情感与独特表达。在具体教学中可以适当调整教材的顺序进行相对聚焦的学习，以期更好地达成单元整体目标。四篇文本两篇写动物：《白鹭》《珍珠鸟》，两篇写植物：《落花生》《桂花雨》，虽然都是写事物，但是在具体表达时却是各有千秋的。

《白鹭》这篇文章的确可称得上文质兼美。作者从对白鹭形体的赞美到描写白鹭的任一种活动所引人不由产生意境之美联想的绝美体验，将自己对白鹭的赞叹表现得如诗如画。这篇散文虽短小，但是酷似巴洛克风格般的语言，在精美中又不失简洁，读来给人一种惊艳感。这样的语言在传递美的同时也彰显了作者情感。因此在教学中我们切忌直指描写对象，并借此无限拓展。这篇散文教学真正需要我们做到的是沉浸其中，引导学生关注语言本身的特质，在语言的品味中去感受情感。

《珍珠鸟》是一篇略读课文，课文的主旨是"信赖，往往创造出美好的境界"。但是在解读文本过程中首先打动我们的可能是珍珠鸟的可爱，是"我"和珍珠鸟之间的情意，而非主旨。因此倘若没有很好地走进文本，去"倾听文本发出的细微声响"，那么也就无从感受文章的主旨。在教学中我们可以在作者如何描写珍珠鸟的可爱，表达这份动人情意的语句处驻足品读，循着这情感的脉络一步步去体会、沉浸，直至感同身受。

横向联读这两篇文本，我们会鲜明感觉到寄情于事的描写原来可以这样不同。《白鹭》用浓得化不开的华丽语言和简到至简的选材即将深情赋文字，而《珍珠鸟》则是用朴素的文字写小小的鸟儿，写作者自己那些小小的真诚的爱的举动，很细腻很细致的表达，读来同样让人怦然心动。

另外两篇阅读文章是《落花生》和《桂花雨》均是描写植物的。通常意义上，我们会将《落花生》一文归入"说理的散文"。这篇散文的内容其实并不复杂，虽然说是按事情发展的顺序来写的，但整篇文章的笔墨都聚焦在了家庭落花生"收获节"的夜话上，聊的话题也很集中，即花生的作用和从花生身上获得的启发，其余过程并无特别的深意。通篇文章语言很质朴，道理的表达也不晦涩，应该说是非常"许地山式"的，朴实平凡，亲切自然，因此学生读起来并不困难。那么在教学时着力点可以放在作者依托具体事物落花生通过对花生特质的了解，借助聊天的方式说清道理的表达方式上，并深入语言感受对比描写的魅力。这类散文的教学切忌掠过语言和方式，只关注描写的对象和抽象了的道理。朱自清先生说："只注重思想而忽略训练，所获得的思想必是浮光掠影。因为思想也就存在语汇、字句、篇章、声调里。"

人们总说文如其人，那么《桂花雨》恰如大陆彼岸的琦君，清清淡淡，娓娓道来，就连最普通的"小时候""故乡靠海""我念中学的时候"这些词语都饱蘸思念。文本用了4个自然段描写了"摇桂花"这件事。首先写了摇花前母亲的担忧和我对"摇桂花"的介绍，凸显了我们"摇桂花"的必要及作者的期待。其次写了"摇桂花"的现场，读文本，再佐以文本插图中"我"的兴奋，"摇桂花"之乐一览无余。最后写了桂花的用途。重点之谓重点是因为它更能突出表达文章主旨，因此须细细品味。但是一篇文章是一个整体，阅读通篇是必须的。整篇阅读之后才更能体会作者对家乡，对亲人这份浓浓思念的情感。文章的第7自然段"我"居在杭州，在桂花盛开的季节去赏桂花，捡桂花，以及母亲的语言恰好回应了文本开头"中秋节前后，正是故乡桂花盛开的时节"，再想到如今作者的漂泊，悠长的时空里那种思念忽然袭上心头，挥之不去。

从散文小类来看这两篇文章一个是说理的散文，一个是抒情的散文。共通点在于描写的都是发生在家庭生活中的事件。不同家庭往事的回忆，不同的描写方法，最终呈现的是不同语言风格中的不同走向，一个教做人，一个暗蓄亲情乡情。《落花生》中"收获节"的对话回忆直指花生带给我们的启发，而《桂花雨》这篇文本的往事回忆不止一件，因此带来不同时间跨度里作者不同的生活，丰富的情感。回忆因其丰富而倍增思念。

本单元习作《我的心爱之物》与四篇文本的学习息息相关，因此在文本学习过程中可适当安排读写结合的小练笔，将习作的重难点进行分解。比如：对描写白鹭与珍珠鸟样子的仿写。比如《桂花雨》和《落花生》中比较这一描写方法的仿写。如此，在具体进行习作撰写的时候才能对本单元寄情于事的写法有初步的运用。"语文园地"中"交流平台"与"词句段的运用"可以整合进相应的文本学习，并做好体会与读写结合。最后的《蝉》这首诗歌积累，重在积累，次在结合寄情于事简单理解诗歌。

对于本单元口语交际，笔者觉得可以单独处理，无须牵强进要素之中。在进行这一口语交际的教学时，重要的是情境创设中每个成员的角色设定需要关注，有了角色，对于班级公约的内容才能相对完整。

部编版六年级下册

用好奇的眼看世界

——六年级下册第五单元的整体解读与思考

1.单元整体思路

本单元学习内容主要围绕"科学发现的机遇，总是等着好奇而又爱思考的人"这一主题而编排的。单元安排了四篇课文，三篇精读，一篇略读。他们的文体也各不相同：文言文、说理文、散文和科幻小说。其中《文言二则》和《真理诞生在一百个问号之后》两篇文本通过"用具体事例说明观点的方法"有理有据地支撑起了作者提出的观点。《表里的生物》《他们那时候多有趣》通过事情讲述着好奇而又爱思考对于我们认识世界，探索世界的重要性。

两篇小古文想表达的观点是专注与观察思考的重要性。《真理诞生于一百个问号之后》比较显性地表达了本单元语文要素之一：体会文章是怎样用具体事例说明观点的。《表里的生物》通过"我"回忆童年时期对父亲怀表发出声音的"疑惑——好奇——猜证"的趣事描写，展现了拥有一颗好奇心的可贵。《他们那时候多有趣啊》是一篇双向科幻的小说。对于现在的学生来说未来的2155年的学校靠想象，对于2155年的学生来说现在的学校已经成了"老式"，也要靠想象。这四篇课文恰好地回应了本单元的人文要素"科学发现的机遇，总是等着好奇而又爱思考的人。"四篇课文的编排很有意思，既互为补充，同时又有一种感性的内在层次。从学习应该具有的基本品质"专心与思考"说起，然后呈现好问、好奇与想象这类科学研究必备品质的培养。在教学中落实教材"双元"组合的特色时建议有所侧重。《文言文二则》重在能用自己的话讲述这两个小故事，感受《两小儿辩日》中陈述观点的方法。《真理诞生于一百个问号之后》建议细细品读，可用于重点落实本单元要素。《表里的故事》建议用以感受"好奇"，感受作者如何借用自己亲身经历的一件事情来说清好奇的。

语文园地的内容编排很好地凸显了方法学习的重要性。从"交流平台"中良好学习习惯的回顾到"推想"这一方法的实践运用，从习作中引用妙处的体会到对自身习作的回忆交流，其实又是一种习作方法的启发与引导，最后四句名言拓宽了学习品质的含义：变通、创新、超越和应变，同时它和根据文言学习来推想词意这一项一起呈现也是对本单元文言文学习的一种内在回应。

2. 核心任务

本单元编排了两个语文要素，一个是"体会用具体事例说明观点的方法"，一个是"展开想象，写科幻故事"。

"体会用具体事例说明观点的方法"既可以有效帮助学生理解文本，培养学生自主阅读能力，也能对学生的习作提供行之有效的指导。所谓"用具体事例说明观点"有两个层面的意思。首先需要能围绕观点选出典型事例，其次需要在呈现事例时围绕观点进行合适的详略处理，并能在事例陈述中夹叙夹议，或在事例陈述后有围绕观点的精准分析。在具体进行阅读教学时需结合文本让学生认识到这些具体事例是如何共同来证明观点的，同一观点下的几个事例间的内在关系以及它们对于证明这个观点的作用。而在习作中需要选择事例来说明自己观点时，能根据观点选择典型事例，并能有针对性的将事例中可以说明观点的重点部分说清楚。

本单元的第二个语文要素，即"展开想象，写科幻故事"。关于想象，三、四年级都有关于这一要素的学习，本单元再次提及，既是回顾，也是因习作科幻故事的需要。科幻故事，从名字上就可以感受到它的内容是虚幻的，但是是具有科技含量的。故事中的人物是虚构的，会具有神奇的力量或者魔法等。在具体习作时需激发学生强烈的好奇心，充分发挥想象，适当了解当代先进的科技手段，在习作中尝试用具体的事例写清其虚幻性、神奇性。

3. 学习目标

字词句，需要会写24个生字，会写39个词语，积累四句名言。

阅读，引导学生注意结合观点学习具体事例，感受事例与观点的连接。在理解课文的基础上，通过对具体事例中重点内容的梳理引导学生体会文章是怎样用具体事例说明观点的，使理解课文与培养能力相互推动、互相生成。

口语交际，能围绕辩题搜集、整理材料，清晰地表达自己的观点，并能用具体事例加以说明。同时还能注意倾听，及时抓住对方讲话中的漏洞进行反驳，加强互动。特别要注意辩论只针对观点，切记人身攻击，用语文明。

书面表达，能展开想象，写出完整、奇幻而又过程合理的科幻故事，并重视培养学生的读者意识，能根据别人的建议修改习作，提升习作思维能力。

内容理解，通过阅读，拨开历史的帷幕去感受科学发现的机遇，总是等着好奇而又爱思考的这样一群人的形象。在生动的描述中，在思辨中熏陶学生的科学情怀与人文气韵，激发学生对自然科学的浓厚的兴趣，培养学生善思、善问并锲而不舍探索的精神。

部编版五年级上册

自豪衍　悲愤酿　爱国之情生

——《圆明园的毁灭》文本把握

面对这样一篇文字，读完我们看到的不是满园琳琅，而是满目疮痍，一腔悲愤。在哀其不幸，怒其不争的同时爱国激情油然而生。因此，在进行本文的教学设计前我一直在思考，文本何以能达到激发读者这种强烈的爱国之情的呢？细读文本，笔者有这样的认识。

一、极致反差的冲击力，惊多情更烈

一篇文本能给读者形成这种认识上的反差的冲击力，大概是所描写的对象处在极致的两端。《圆明园的毁灭》所带来的这种反差冲击力恰好就来自这种极致辉煌与极致毁灭的两个端点。圆明园是当时世界上最大的博物馆、艺术馆，被称为"万园之园"。大约源于此，它的存在本身就是一个美轮美奂奇迹。有多辉煌的存在过就有多惨烈的被毁灭。英法联军在手拿肩挑车运之余，一把大火连续烧了三天，毁灭之举世震惊。法国大文豪雨果闻之痛斥为《两个强盗》。在雨果先生的这篇文章中直斥强盗恶行，嘴脸，虽痛快淋漓但夕阳中的圆明园只剩了断垣残壁。这样剧烈的反差，震惊之余，悲愤之情期然而至。可以这样说，没有昔日足够辉煌的呈现，毁灭就不会带来这么强烈的情感注入与激发。

二、资料补白的空间足，让自豪催发悲愤

在解读这篇文本之前，应该说我对这段历史了解得已经足够丰富，但

055

是在读的过程中依然不能平静，无法接受这个历史事实，依然忍不住悲从中来。学习历史不是为了让心绪日渐平静，而是为了不遗忘。因为了解，所以更加痛惜，更加激愤。基于此，我觉得这样一篇文本在学习时需要放置到历史的长河之中，通过文字、图片、视频等足够丰富多元的资料补充，让学生回到那段历史，让学生在火光冲天中被点燃、被激发，感同身受才能更深刻体会课文表达的思想感情。不了解历史，没有资料的支撑，仅仅结合文本谈文本就狭隘了、单薄了。结合资料，体会本文的思想感情，是阅读策略的需要，更是语文人文性思想的需要。

三、语言特色鲜明，铺平朗读激情之路

阅读文本，我们会发现文本的结构清晰，语言的表达简洁整齐而富有层次性。这样的表达不仅仅可以帮助我们从结构上理解文本，还可以启发我们利用朗读来激发学生的情感。整齐的句式在铺陈的同时也具有一种力量感，不断对学生朦胧体会到的，还不甚清晰的情感进行推波助澜，在朗读中清晰深入。比如，第三自然段中一一对应的列举，分号的提示，有……也有……还有的表达就能帮助学生在朗读中不自觉地投入情感，释放情感。就连一个简单的"上自""下至"都会让学生在语感中感受这份历史的厚重感，文物的丰富，被毁灭的痛心。"痛心""童心"在拼音输入法中会同时出现，我们如果善用朗读，就会激发纯真的童心，让他们在辉煌被侵略者毁灭之下感到痛心，感到愤慨，感到屈辱，唯如此才能真正激发他们勿忘国耻，振兴中华的责任感与使命感。

部编版五年级上册

在回忆中将父爱酿成酒

——《父爱之舟》文本把握

1.主线明了，神聚小舟显深情

《父爱之舟》是一篇回忆性散文。读这篇散文，笔者感觉作者吴冠中先生就像坐在我的对面，和着茶叶袅袅的香气，在跟我慢慢诉说着那些飘逝在时间流里关于父亲的往事。或者与其说是在跟我们说，不如说是他在一边回忆，一边自言自语。这样的文章初读即能令人怦然心动。"情到深处不喧嚣"。在这样的情感中作者把父爱设喻成儿时求学常乘坐的小舟，取譬眼前，其实也是在说父爱确是平凡的，也正因其平凡而经常会在记忆的河里摇摇晃晃，经久不忘。"父爱之舟"，小舟是作为父爱的载体而存在的，关键词还在父爱。小舟载着的是父亲、姑爹和我，小舟载着的是生活必须的一些简单物资。正是这极简单朴素的承载，在不同的时间，小舟上发生的不同事情中早将父爱载得满满当当。作者用小舟一叶作为主线，将父爱蓄得深情款款。文中叙述的场景有的似乎与小舟无关，比如"逛庙会"，还有"雪天送我上学""凑钱送我上鹅山高小"，但是这些场景表现的都是父爱。因此，整篇文章看来，第一个场景"住旅店"与小舟相关，最后一个场景"送我去考学、上学"又将散出去的父爱收回到小舟这一载体上，让全文形散神聚，主线明朗，主旨突显。

此外，笔者认为这篇文章虽然取名《父爱之舟》，但是它不同于一般描写父爱的文章。这篇文章中没有叛逆，没有不和，没有单方面付出，而是父子情深，父慈子孝，一派和谐。因此在阅读本文时应该不仅仅品味父爱，还应感受我对父亲的诸多爱戴细节，以及思念与崇敬，然后我们才能明白作为儿子那种"醒来，枕边一片湿"的情感渊源。

2. 明白如话，幕幕场景感父爱

对于小学生来说，这无疑是一篇所谓的长文。理论意义上，长文都是比较难以读懂的。但是本文虽长，却不难懂。究其原因，首先是因为行文流畅，明白如话，且作者并不刻意去将自己的情感隐藏起来，反而会处处展现自己的内心，表白自己对父亲的体谅与爱，因此显得恳切而动人，另有一种感人至深。比如：父亲动心了，但我年纪虽小却早已深深体会到父亲挣钱的艰难。再如：我和父亲都饿了，我多馋啊！但不敢，也不忍心叫父亲买。像这样直白的文字文章有多处。它在表达作者情感的同时，很好地帮助了我们去感受其对父亲的思念与爱。其次，文章选取了多个典型场景，在详略处理中，在毫不修饰地叙述中不断堆叠父爱，不断让父亲的形象丰满，不断用自己的感动带动读者进入情境，感受父爱。

3. 回忆如酒，经久岁月情依浓

这是一篇回忆性散文，斯时故人已逝。作者在文中设置了梦境，在梦境中用一个个典型的场景感悟着父爱如山，沉默却充满巍峨的力量，表达着自己的思念，尤其是文末"醒来，枕边一片湿"更是惹得读者也禁不住要潸然泪下了。这个结尾让我想起了老舍的《想北平》。那篇文末是这么说的"不写了，再写我要落泪了。"一个已经落泪，一个行将落泪，不一样的举动，却是一样的想念，一样的爱。

一般来说，时间总会将浓烈的思念慢慢磨得绵长而淡然，所有的深情都在"不忘记"三个字上了。像作者这样，经历了很长时间后，依然不能自抑，情深如斯的并不多见。无论是诗歌或者其他题材的文章，情感的独特性是其能保持鲜活生命力的原因之一。就这篇文章而言，作者对父亲这种强烈而不衰的思念，对父爱浓醇不减的感受是其文魅力之一。它不似《背影》中的朱自清父子，成年之后的含蓄，成年之后的平静，在云淡风轻中将父爱抚得山水不惊。

部编版四年级下册

口语交际课，因不确定而精彩

——《朋友相处的秘诀》实践与思考

口语交际的学习需要创设真实的场景，需要通过场景唤起学生真实的生活经历，以促使学生在生活经验中更灵动地盘桓思考；需要通过落实学生的主体地位，实现在交际中，在真实场景中学习交际的目的。需要关注培养学生在交际中解决实际问题的能力。如此，口语交际课须打破设计的定案思维，突破课堂的闭环思维，拆除课堂与生活的藩篱，让口语交际课因为开放而不确定，因不确定而精彩。

（一）建立学程，让交际成为交际

所谓学程，简单理解就是学习的流程。除此，这里的学程更加注重对学生学习过程的展现，以及教师及时的学法指导。而对于"口语交际"课的理解和实施，多年来，我们是有窄化和单一化的倾向的。据不完全调查，一提及口语交际课，有81.2%的老师头脑中会浮现出这样的画面：两个孩子，你问我答，全班观看。一切都在按理想化设计的简单套路进行着。而真实生活中的口语交际，交际对象有可能是单人对单人，单人对多人，也可能是多人间的交流互动；交流内容也会因很多越来越周全的规划而复杂，会因很多临时的想法补充而复杂，因此如课堂这般单纯简单的对话在现实生活中发生的几率很小。笔者在设计统编版四年级下册第六单元的口语交际《朋友之间相处的秘诀》这一内容的学习方案时充分考虑了这种复杂情况，为打开课堂，有效帮助学生解决真实交际中产生的复杂问题，我设计了这样一个学程模块：

聊聊朋友——学习范例——讨论汇报——情景应用

结合这一学程，在具体执行中有些设计的初衷和课堂操作需要阐明。

"聊聊朋友"：话题发现的不确定。课前笔者做了一份学生交往情况调查问卷，并仔细分析了这份调查数据。在导入学习内容后，可以引导学生借助调查数据的表格自主发现朋友相处一些需要遵循的东西，一些需要特别注意的地方。这样可以帮助学生积累交流这一话题的前经验，导引他们提前自觉去回忆与朋友相处中的一些过往细节，为后面话题的充分讨论积累素材，打开思路。

"学习范例"：知识习得的不确定。这一环节重点学习教材中的小组讨论记录样例，关注气泡图和两点提示。这个学习过程笔者是完全交给学生的。可以让他们在充分阅读理解教材，整理好个人所得的基础上，采用小老师的方式进行交流，形成对后续讨论的第一认知。

"讨论汇报"：秘诀不确定，汇报不确定。在自我思考的基础上，小组进行意见的陈述，观点的碰撞，并根据所学自主讨论整理记录的方法，讨论时希望组员能在组长的组织下进行充分讨论，充分发表意见，充分进行自然环境中的交际沟通，激发学生尽可能多地联系生活，为小组提供更多讨论的话题。然后重点展现学生小组讨论的完整学习经历，在讲述经历时关键是要讲清楚本组的分歧点以及达成相对一致意见的过程。这也是全课亮点所在。

"情境应用"：情境不确定，解决问的程度不确定。学生自我创设真实交际情境，小组尝试进行模拟交际，解决实际问题。这种情境有两种呈现途径，一是这个困境当时就已经被化解，课堂还原了当时的情景。二是至今依旧是你心中的交际困境，通过今天所学方法，现场尝试演绎解决真实的困惑。

这一学程的建立能够确保学生的学习是在交际中完成交际的学习的，也饱满地体现着语文课程的实践性特点。

（二）走进学程，用细节落实细节

真实，从来无法预知。这节课满是学生的随机生成，课堂也因这份不确定而精彩。但作为执教者，在为这份不确定感到忐忑的同时，更要做好充分的预设，落实好备课、上课以及课后的各个细节，尤其是支架的搭建。备课时，因为课堂中学生的自主学习教材，小组自由讨论以及汇报内容都是无法预料的，因此我也无法用一个具体的教案来执行，那么这就对备课提出了更高的要求。在备课的时候，我将教材、学情进行了全方位无死角的解读，在此基础上我为学生们提供了较为丰富的学习支架。在小组学习部分提供了《小组学习要求表》《朋友相处的秘诀记录表》。（见表2-1，表2-2）

表2-1　小组学习的要求

小组学习要求：
（1）把自己想到的朋友相处秘诀写在小组共用的即时贴上。
（2）写好后，小组讨论，整合相近意见，删除不合适的意见。
（3）标记出大多数同学认同的想法。
友情提醒：各小组讨论时声音要轻；要善于倾听组员发言，不中途打断；讨论时注意尊重对方。

表2-2 "朋友相处的秘诀"记录表

\"朋友相处的秘诀\"记录表	
序号	秘诀
1	
2	
3	
4	
5（备用）	
备注：建议不要出现组员姓名，便于后面的分析。	

在"学习资源"部分笔者提供了两种资源。一是三篇名家说朋友系列文章：《谈友谊》（梁实秋）、《论朋友》（季羡林）、《朋友》（贾平凹）。备用于小组思维无法推进时可以进行选择性阅读以拓宽思维。二是真实情境的创设。在备课中笔者预设了三个情境，备用于小组内短时间没有合适情境时。主要是：为同一件事情或同一个问题意见不统一时；朋友被欺负时；朋友之间友谊破裂后又重归于好得展现。

除此，我还特别关注了小组成员的构成，课前我特地对学生的位置进行了临时的调整。我希望一个小组中有能组织学习讨论的学生，有能表达、能勇于点评同学发言的学生，也有相对比较内敛的学生。同组异质的配置在口语交际的小组学习交流中尤能让每个学生得到成长，因此分组是一个很重要的细节准备。

（三）展现成果，将主体还给主体

在这样的任务设计与教学组织中，学生的主体地位其实已经昭然若揭，因此在课堂中笔者的耳边不断响起叶澜教授的一句话"让师生的生命诗意地栖居在课堂上。"在此随机呈现一个学习小组的活动记录表（见2-3）。从表中的备注痕迹可以很明显地见证着真实发生的学习过程，以及学生思维的步步深入、清晰。

表2-3 "朋友相处的秘诀"记录表

"朋友相处的秘诀"记录表	
序号	秘诀
1	不斤斤计较，不翻旧账。
2	自己的东西都要与朋友分享 备注：这一条讨论后改为：要给朋友留有私人空间。
3	遇到矛盾时，适当让步。
4	不可以强迫朋友干自己喜欢的事。
5（备用）	好朋友遇到任何事情要坚决支持 备注：这一条讨论后改为：遇到困难时朋友间要互相帮助。
备注：建议不要出现组员姓名，便于后面的分析。	

当小组学习结束后，学生最终带着讨论结果汇报时，他们不是简单的汇报结论，而是重在体现讨论的过程，真实展现分歧及整合。这就涉及到了深度学习的各个领域，学生不仅高阶思维能力得到发展，还学会了如何和同伴交流。

这样一个方案设计呈现给笔者的结果是非常令人深思的。首先是汇报的形式，我要求每组一个代表带着结果上来汇报，但是真正汇报的时候两个小组都带着两份稿子（原始讨论稿和结论稿）进行了比较讲述。短短几分钟发言把过程和比较思维表现得行云流水。三个小组是两人同台汇报，一个阐述结论的产生过程，一个讲述小组内的分歧以及最终的放弃。一个小组四人同台讲述，各自讲述自己在讨论中的思考，支持或争议都明明白白。整个汇报的过程作为教师需要高度集中精力聆听，反应敏捷的基础上才能抢到机会进行简短的点评，所以感觉教师的思维和语言组织不断被挑战。一节课结束后，虽然没讲多少内容，但是教师会觉得很疲劳。其次是内容上的开阔与新时代儿童的"成熟"，他们作为一个未长大的人的意识的觉醒。结合表三呈现出来的几条秘诀，纵向剖析后笔者发现这些秘诀的贡献者来自平时班级内不同程度的学生。在此刻的课堂，他们的思维与语言的表达不输于任何人，甚至还高于常规评价下的很多所谓好孩子。其次看他们给出的建议，说实在话，当时看了心底不自禁产生一种敬畏感。其中贡献第四条的是班级内一个公认的特优生。不强迫其实就是"己所不欲，勿施于人"。我想这个学生也许不知道这个名言，但是他懂得尊重，这就够了！第五条是在讨论过程中大家新产生的想法，起初是一种比较绝对化的表达，后来经过斟酌进行了修改。每一条秘诀都足以让我们这些成人汗颜，每一个提供这些秘诀的学生都在认知和个人领域有了我们"坐而论道"时所永远无法估计的发展。

在利用秘诀解决实际问题时，笔者给了小组去创设一个真实问题情境并尝试模拟解决问题的时间。在教师巡视参与中，笔者发现如果主体的确成为主体后，真实情境其实无须教师殚精竭虑地去创设。学生的生活场景感更接近其本身，更具真实性。在模拟过程中，教师更多的精力可用来参与，引导学生的交际向纵深处推进。

细细揣摩这个案例，它所带给学生的收获，带给我们的思考远比我们所能想象的还要多。学生一方面借此获得与朋友相处的秘诀，而这些都是他们在作为真正主体的主动学习过程中获得的。这些秘诀取自于生，还育于生的。失落了太久的主体在此应该算是找到了自己。另一方面学生在这样伙伴学习讨论的轻松氛围中思维自主打开，生活中很多真实的场景不期而遇，话题与不断产生的新想法将蜂拥而至。他们也在这样的过程中分享了自己融通生活的方法，同时也能从别人的分享中获得新的生活体验勾连法。

口语交际课中究竟何为交际？这个看似明晰浅显的概念其实在课中化为行动时它有太多变身法。笔者觉得放弃确定性，口语交际课才能有机会部分完成其作为课程内容的设置目标。

部编版四年级下册

司马光
——文本解读及教学设计

还记得初次拿到部编版教材，看到三年级开始有文言文了，我很开心！"做一个有相当教育的国民，至少对于本国的经典，也有接触的义务。"把学习传统经典提到了国民义务的程度，这是朱自清先生在经历"五四"运动，横扫一切传统文化，仅仅二十年多一点就看到了问题的严重性后提出来的。"经典训练的价值不在实用，而在文化。"但是同时也有点担心，如果现实的课堂一旦操作不当，去字字落实，死记硬背，那么孩子的兴趣怎么办？一旦兴趣泯灭，以后长长的文言学习生活要怎么过？

十九大召开以后，习总书记在报告中提出了当前我国的三种文化，一个是中华优秀传统文化，一个是革命文化，一个是社会主义先进文化。中华优秀传统文化部分，在统编教材中，仅仅古诗词已经超过130首，在"日积月累"里，安排了大量有关优秀传统文化的内容。同时从三年级开始，就安排了文言文。我记得之前人教版教材是从五年级下学期才安排的文言文，部编版教材从三年级上册就安排了文言文。到五年级，教材还安排了一个"古典文学名著"单元。而古典文学名著除了《草船借箭》以外，其它的《西游记》《红楼梦》《水浒传》选文都是原著片段，忠实原著，未做任何改编。所以我们要从三年级开始，让学生感受文言文的语言特色，培养初步的文言文语感。

我具体记不清楚是哪一年的春节联欢晚会了，其中有一个主持人之间串场的小游戏，读"司马光砸缸"这句话。现场还真有人舌头绕不过来的，不过也没关系，本来读这个就是博大家一笑，开心就好！但是由此，我们也可以感受到这个故事家喻户晓的程度。苏教版一年级也安排了这个故事。可是到了部编版，他竟然放到了三年级，究其原因？我们打开书一看，第一个恍然，大概就是，哦，它是一篇文言文，还是整个小学阶段文言文的开篇。为什么它作为开篇呢？这个问题可以好好想想。首先想到名人，这就可以从司马光这个人的一生品行想到这篇小文中他的表现，联系到新课标提及的"立德树人是语文课程的根本任务"，语文课程工具性与人文性统一的基本特点。其次想到这篇文言文短小的特色，等等。想明白了，我就开始读教材，理解教材了。

很明显，这篇文章太短，短到我还没来得及进入角色就已经出了角色。这样的文章难免有老师提出：仅仅30个字的文章，我如何上满一节课40分钟？需要字字落实意思吗？借助注释，那是不是除了注释中提到的字词其余都可以不管呢？这些注释要背吗？讲一讲这个故事和翻译有什么区别呢？讲到什么程度呢？困惑很多，但是正因为有了困惑我们才有进一步研究的动力。于是，这推动着我开始解读教材。

第一句"群儿戏于庭，一儿登瓮，足跌没水中"。表面意思不难理解，可是文言文若只有表面意思，不能领悟其情理兼备，那样便折损了它一大半的光华。"观文者披文以入情，沿波溯源，虽幽必显"。这样一想，回头去看，"群儿戏于庭"，你会关注到"群儿""戏""庭"。这一关注，你就发现这个小故事能讲得生动有趣的路径之一了。很多孩子在院子里玩，那得玩出多少花样，发生多少事啊！这一启发，生活的场景便蜂拥而至。接着那个"一儿登瓮"，我们一般都说：司马光砸缸，这儿怎么是"瓮"，注释里还特别作了说明？对此，当然不能视而不见，或大概等同，因此查资料是必不可少了。然后想开去：这孩子为什么登瓮？玩得得意忘形了？好奇瓮里边有什么了？还是正在捉迷藏？你还可以这样回溯前半句话"群儿戏于庭"，联系那个"戏"字去猜想可能性，还可以想到"戏"应该不仅仅是戏耍、游戏了，是不是还有开心呢，或者其他呢！文本之乐全在一心间。生字"登"，为什么要登呢？一个瓮而已。这就需要深究"登"是什么意思？这说明什么？然后再引导思考"还可以从那里感受到瓮很高，很大？"结合图画和后文你就会找到依据。首先是看图，瓮很大，瓮边的孩子很小。文中说"一儿、群儿"其实就是在说这是一群很小的孩子。孩子很小，瓮很多，所以后面才写到"足跌没水中"，也就是说掉进去就很危险，不及时救上来就很危险，这样还为后文埋了一个小小的伏笔。

再看"足跌没水中"，"足跌"，倒过来就是"跌足"，这个里就含有一不小心，一失足的意思了。"没"自然是强调危险，没过头顶。一个瓮，里面的水就没过了孩子头顶，想想，是不是呼应了"登"。

至于第二句，想讲，可讲的太多了。但首先是比较难读，要特别关注词句间的停顿，尤其是中间这个短句，要读好，读好了自然就理解了。

这句话中有这样几个点需要去关注：

"众皆弃去"，如果只解释字面意思，我觉得是不妥的，语文，其实需要也应该让孩子感受世界的美好与温情，那我们传递给孩子的我觉得就应该是一个充满友谊与善意的世界。所以在这儿，我们可以对"弃"的背后做一点想象，追问一下：真的跑了？朋友有生命危险，他们真的不管了？孩子们就会想到很多种可能，很多种办法，这样故事的温暖性才能表现出来。我不太赞成为了凸显司马光，让所有的孩子都背弃友谊，在生死面前都无动于衷。换句话说，他们只是没有司马光这么沉着，没想到司马光这么聪明果断的办法，那不代表他们都无视同伴的死活。他们可能去喊大人，可能去找竹竿，如此等等。即使这样理解也不会影响司马光的形象的，反而会更加凸显他的机智、镇定和临危不乱。如此，故事在有了温度的同时也才能用自己的话讲得丰富起来。

"光持石击瓮破之"，一儿足跌没水中时，群儿在干什么？司马光呢？比较之后凸显他不同于于众人，这儿可以鼓励学生思考在"光"前面加上一个什么字更凸显他的与众不同？启发思考，发现可以加一个"唯"字，"唯见长江天际流"，"惟闻女叹息"，"唯见江心秋月白"，"唯有牡丹真国色"等等。句中"持"的理解，可以联系前面对"瓮"的理解，对"群儿"的认知，然后讨论：司马光是拿起石头，还是搬起石头呢？

破之，什么破了？之，代替了前文中的瓮，不说代词，但是初步感知它的一种用法，在以后的学习中再出现，他就会有这样一种温故知新的旧知存在。这句话翻译：把瓮砸破了，倒装句。

后面两个字"水迸"，非常让我感觉到咱们中国汉字真的很奇妙，字音有时候传递的是一种画面，一种声音，一种感觉。"水迸"，如果仔细多读两遍，闭起眼睛再读两遍，我们会听到水"哗"地一声流出的感觉，再看看注释，"迸"的解释是"涌"，它不是不带感觉的"流"。这个解释跟我们从字音中获得信息是相同的，我们可以好好利用这个字音来感受水流之急，瓮里的水之多，不及时救出小儿的危险。

解读教材是一切教学的前提，但是，解读出来的内容是不是一定都要上出来的。解读的意义就在于它能让我们因为这宽阔的解读带来我们对教材的透彻把握，带来我们能根据目标做出的合理而自由的选择，带来的是课堂教学的游刃有余。

解读了教材，再看这个单元的主题。人文要素是"美好的品质，带给我们温暖的阳光，带给我们希望和力量"。语文要素"学习带着问题默读，理解课文的意思。学写一件简单的事"。单元要素有时候不是每一篇课文都必须对照的，一点不走样地去执行的，关键是你要关注要素，在可以关照的文本内努力将理念转化为行动，坚持将其作为单元语文教学的一个长效目标。

然后我们看课后练习，应该说它是部编教材安排的助学系统之一。这个练习不是简单地做做就可以的，而是我们开展教学活动的主要依据。

课后练习一"跟着老师朗读课文，注意词句间的停顿。背诵课文。"我们知道，学习语文最好的方法是读，学习文言文最好的方法更是读。曾国藩教古文，就是当着学生的面读三遍。字正腔圆是基本要求，抑扬顿挫是首要条件，节奏分明，音韵优美是打开学生兴趣的钥匙。课后这个关于读的练习已经告诉了我们读的方法，读的目标。方法是"跟我读"，因为是第一次学习文言文，那种语言的感觉需要积累、揣摩、领悟。这一点可以根据学情。它是一切教学的出发点。我的学生不用跟我读，因为他们早就开始接触文言文，我可以范读，给个样子，然后他们自己读，但是读依然不可省略的。如果学生都没有接触过文言文，那就要老老实实让学生跟读。想想，也许我们很久没有这种跟着老师朗读课文的经历了。这可能也是当下学生朗读水平普遍不理想的根源之一。读的目标是什么？"能正确停顿"。跟我读，关注我的停顿。读通之后，你就可以放飞读的形式，带点游戏，带点竞争，直到读熟为止。至于背诵课文，这么短的文言文，一共也就30个字，不要放到课后，课堂完全可以解决。我们的课堂时间就是要给孩子们用的，不要舍不得。再说"书读百遍，其义自见"，熟读背诵起来也能有助于对文本的理解，有助于讲好这个故事。

　　课后练习二"借助注释，用自己的话讲一讲这个故事"。我们都知道理解文言文需要借助关键词的注释。注释，它是我们读通文言的一个手杖，而且这又是学生学习文言文的第一篇，所以借助注释要在这节课中需要高度关注，凸显它，练习它，并能在各个环节的学习中不断借助注释，运用注释。建立学生"借助注释"的意识和能力。那么，这些注释里的解释需要会背吗？我个人觉得不需要。要求是"用自己的话讲一讲这个故事"，它和翻译不一样，它只需要借助注释懂了大概意思就可以了。那么故事怎么讲才能吸引人呢？这就要求我们能在原文的基础上，联系自己的生活，引导学生加以适当的想象、丰富。

　　课后练习三"这篇课文和其他课文在语言上有什么不同？和同学交流"。这个练习提示我们要靠朗读，在朗读中咂摸出不同，也可以细化到和白话文的一句句对应。比如，白话文"花园里有假山，假山下面有一口大水缸，缸里装满了水。有个小朋友爬到假山上去玩，一不小心，掉进了大水缸。"比对文言文"一儿登瓮，足跌没水中"，很容易就能让学生感受到"简洁"这一特色。另外文言的节奏韵律可以引导学生进行全文朗读，感性认知和理性引导相结合。除了关注句与句之间的节奏，还有"庭、瓮、中、迸"的韵脚。

　　综上，其实我的小古文教学一直以来就是坚持做好12个字：

读读　　背背（积累）

想想　　说说（思维）

加加　　减减（语言）

　　这12个字包蕴六种学的活动。"读读背背"更关注积累，"想想说说"相对关注思维能力的发展会更多，"加加减减"关注学生语言的发展。这六种学的活动，他们之间的关系不是割裂的，而是既互为彼此，相互交融，又侧重不同。应该说是一种较为理想的相生相长。

教学设计：

20. 司马光

一、聊聊文言，解解课题

1. 复习背诵过的文言。

2. 揭示课题：《司马光》。（板书，读课题）

3. 关注复姓：

司马光，姓司，名马光，你同意吗？（复姓：司马）

你还知道有哪些复姓？（诸葛 欧阳 皇甫 东方 端木）

4. 关于司马光的故事我们一年级就学过，还记得吗？谁能用一个词告诉我们小司马光做了一件什么事？

串读：司马光砸缸

5. 利用注释，了解司马光，引导看注释。

小结：要想读懂文言文，必须学会一样本领：随时关注注释。先来认识这两个字"注释"，再看看这第①条注释，你能在文中哪里找到相同的数字？——他们之间的关系你发现了吗？

二、聊聊故事，认识司马光

1. 根据要求，读熟课文。

借助拼音读准字音，读的时候还要注意停顿，遇到停顿有困难的句子，读起来怎么都不舒服的句子可以和同桌讨论一下。

2. 学习生字新词。

（1）检查学习本课生字：登、庭、众等。

（2）指导书写：登，范写，描红组词？（攀登、登山、登高）

（3）引导理解：一儿登瓮，认识瓮。

➤ 瓮，是什么样的呢？

借助第③条注释认识瓮，瓮就是一个陶器，一个口小肚大的陶器。

还可以借助什么认识瓮？（书中插图）

与缸区分，认一认。

➤ 一个瓮居然要登上去？要像登山一样，登高一样爬上去？这说明什么？（瓮大、高）

再看看书上的图，你还能感受到瓮高且大的？（与图中孩子作比较）

➤ 用自己的话说一说孩子为什么需要"登瓮"？（瓮又高又大）

（4）足跌没水中。

关注加点字，判断，这里读什么音？说说理由。

合起来理解：足跌没水中。

➤ 质疑：一个陶制的器皿而已，一个瓮而已，竟然能淹没一个孩子，你有什么话想说？你想起刚才我们讨论过什么吗？（瓮很高，还很大）

（5）小结方法：读文章，就是要这样边读边想，读后面，要想想前面读过的，再想想它们之间有什么联系。读前面，要猜猜后面会写什么，这样读读想想你就能发现别人发现不了的东西。

3. 读读课文。

（1）指名读文。

（2）师生配合读；男生女生配合读；学生自己配合读。

（3）教师背诵，激发学生背诵的兴趣。（师背诵，需要提醒）

（4）背诵比赛：第一次：师生背诵比赛，第二次一人一句，第三次：找人代替教师比赛。

4. 理解课文内容。

（1）默读课文，借助注释，理解课文，并能尝试讲一讲这个故事，讲故事的时候如果还能有一点想象就更好了。（默读，自学）

（2）四人小组交流自己的理解。

请在四人小组内讲讲你读懂的故事，可以互相补充，添加适当的想象。

（3）学生讲故事，边讲边指导。

①群儿戏于庭，一儿登瓮，足跌没水中

有没有哪一组在这句话中添加了想象？比如：想象了这群小孩子怎么玩的？他们有的（　），有的（　）。

足跌——没水中。这个"足跌"字能不能去掉？（一不小心，一失足，不是故意的，是个意外！）这个登瓮的小家伙想到自己会掉进瓮里吗？（没想到）

把这句话连起来再读一读。

后来怎么样了呢？出示（原文，读）

②启发思考，推出司马光。

孩子淹死了吗？（没有）怎么回事？谁来根据文章用自己的语言告诉大家？

"众皆弃去"什么意思？这个"弃"？

追问：放弃？不管了，随他淹死了？引导学生发表看法。

聚焦司马光的行为"光持石击瓮破之"，看看"光"，这个光代指谁？（司马光）

讲述：文言文中，有时候就会用一个字代指一个人，比如：陶后鲜有闻；孔指以示儿曰。

理解"光持石击瓮破之"，讨论：持石是拿起，还是搬起？引导理解"之"代瓮。

启发添加"唯"：与其他儿童相比，我总觉得可以在司马光前面加一个字会说得更清楚。加什么字？（唯）

我们背过的很多诗中有这个字的，想想？（唯见长江天际流，唯有蜻蜓蛱蝶飞，唯有牡丹真国色，惟吾德馨，老来多健忘，唯不忘相思 晚年唯好静，万事不关心。）

为什么添加，说说看理由，深层认识司马光。（儿童对比；"众"与"司马光"；行为对比：弃去—持石击瓮。与众不同，镇定。）

③感受汉字的奇妙，理解：水迸。

引导读音"迸"，开火车读，启发：似乎听到了什么？你能用一个象声词来说出你的感觉吗？

精准理解：迸，再次强调：注释。

④谁再来说一说孩子得救的过程，注意加上这个象声词啊！

5. 了解司马光。

①孩子们，如果让你来填写，你怎么填？

（聪明的、勇敢的、冷静的、沉着的、智慧的）的司马光。

②交流资料：借助注释，我们对司马光有了一些简单的了解。那你知道这样的司马光长大后怎么样了吗？

（出示资料：司马光，一生至诚，是北宋政治家、史学家、文学家，主持编纂了中国历史上第一部编年体通史《资治通鉴》。这套书294卷，近400万字。）

思考：你从这两行介绍的文字中哪里感受到司马光很厉害？至少说两个理由。

三、聊聊特点，文白对比

文白对比，感知特点。

交流感受，总结特点。

30字的文言文，现代文用了141个字才说清楚，你觉得它和我们现在的文章比起来有什么不同？（简洁、深奥、优美、节奏）

四、拓展阅读，感受文言

自读要求：

1. 读通故事，注意停顿。

2. 借助注释，用自己的话讲讲这个故事。

曹冲称象

曹冲生五六岁，智意所及，有若成人之智。时孙权曾致巨象，太祖欲知其斤重，访之群下，咸莫能出其理。冲曰："置象大船之上，而刻其水痕所至，称物以载之，则校可知矣。"太祖悦，即施行焉。

【注释】

①智意：智慧　　②致：送

③咸（xián）：都　　④理：办法

⑤置：安放　　⑥校：通"较"，比较

⑦施行焉：按这办法做了

部编版教材三年级上册

山　行

【课时教学目标】

1. 正确、流利、有感情地朗读诗歌，背诵诗歌。

2. 读准两个字音：径，斜，会写四个生字：寒、径、斜、霜。理解"寒山、生、坐"等词的意思。

3. 品读诗歌，体会诗中描绘的浓浓秋色和诗人热爱秋天，热爱大自然的思想感情。

【教学过程】

一、认识诗人，揭示课题

1. 认识一位诗人：杜牧。（学生介绍借助资料介绍）

小结：（注意引导一般简介诗人的方法：字号、朝代到作品）

2. 揭示题目：山行。（学生读）

3. 请学生将朝代、作者补充在诗题下面。

4. 释题：山行，完整表达：谁在哪里干什么？

5. 你觉得这样一个题目的诗，作者可能会写些什么？

6. 根据自己的猜想，带着想象再读题目。

二、深入浅出，为读所用

1. 辨析：七绝还是七律。

2. 自读，指导读，读出节奏。

强调停的时候要能注意声音的延续。（学生再读）

后三个字节奏略有不同：

远上寒山//石径/斜，白云生处//有/人家。

停车坐爱//枫林/晚，霜叶红于//二月/花。

3. 古诗还很讲究押韵：

（1）这首诗的韵脚是什么？（a）

（2）实证：jia（板书），hua（板书）。

（3）讨论：这首诗第一行押韵了吗？（斜 xie xia）这个字存在着古今读音的差异。古音读：xia。

小结：七绝一般第二、四行押韵，第一行可以押，也可以不押，第三行会换韵。

4. 观察声调，讨论平声韵。

（1）有什么发现？（第一声或第二声，即：平声，）

小结：七绝七律一般押的都是平声韵。

（2）强调：平声要读得——长一点，用以指导朗读。

平长仄短读古诗，这是我们中国特有的诗歌节奏。

（3）师生回忆积累的七绝，直观感性体会：七绝第（一）二、四行押平声韵。

杜牧《清明》：纷fēn、魂hún、村cūn

李白《早发白帝城》：间jiān、还huán、山shān

杜甫《绝句》：天tiān、船chuán

5. 指导背诵，关注节奏。

三、诗画融合，品味古诗

1. 读了、背了这首诗歌，你能感受到诗人蕴藏在诗中的情感吗？（爱，学生圈出）

给"爱"字组词。（喜爱、热爱、爱恋等）初步感受杜牧的心情。

2. 交流读诗的方法：边读边想象，再回到诗歌有感情诵读这首诗，尝试交流自己读诗的时候看到的画面。最后落在：诗中有画，画中有诗。

3. 那我们就仔仔细细读一读这首诗，看看这首诗中藏着什么画？这幅画中的诗写了什么？注意听清要求，老师要请大家默读这首诗，边读边想，杜牧在这一次的山行中看到了哪些景物。打开书到第14页，边读边圈。我们要随着诗人的脚步，慢慢地走，慢慢地看。

4. 四人小组交流。

> 交流要求：
>   1. 从①号开始有序交流。
>   2. 和别人画的不一样的地方请说清理由。
> 悄悄提醒：
>   1. 别人发言不插话，别人说完再补充。
>   2. 交流声音轻。

5. 刚才我们交流的时候，是一行一行说的。那么现在，我们也来一行一行听大家说。谁来告诉我们，山行过程中，杜牧看到了什么？

（学生板书：寒山、石径、白云、人家、枫林；引导看三四行，讨论板书内容。指导写好"枫"的"乀"，关注板书：注意字的大小、行款。）

6. 完整地说一说《山行》这首诗中写到的景物。

7. 分合有机，读伴诗韵。

（1）寒山、石径。

① "寒山"

a. 借助注释：深秋时节的山。

b. 联系上下文：学古诗，读文章，都要注意看后面或者旁边的注释。如果我不借助注释，我就在读这首诗的时候，反复读反复读，我就会发现，不借助注释我也能知道寒山就是深秋时节的山。你也试着读读，看看能不能发现？（霜叶——霜，红叶：深秋。）

② "石径" "石径斜"

拓展古诗中的径，渗透古典诗词中的一种美学传统：

含有"径"的诗句：花径不曾缘客扫；小园香径独徘徊；草径入荒园；荒径入林微；曲径通幽处。

讨论：你最喜欢哪一句？说说理由。

猜猜老师最喜欢哪一条小径？（曲径，简笔画，每一个转弯都是一个惊喜，都是一道风景，有期待，与中国园林美学结合，渗透美育。）

石径斜。

讨论：这是一条什么样的石径？

（指导书写：斜）这个斜就是？（倾斜、弯曲）弯弯曲曲的石头小路。

这条曲径，在转弯处带给诗人杜牧惊喜了吗？我们不急，慢慢读，慢慢发现。

③完整说说这句诗歌的意思。（引导认识："远上"之远，小径延伸，写出寒山之高。）

（2）白云、人家。

思考：白云和人家什么关系？

透过白云看人家，会是什么感觉？（隐隐约约）

（3）尝试连起来说一说前两行的意思。

（4）枫林。

①比较学习第四行。

a.读一读三四行。

b.杜牧在这条弯弯曲曲的石头小路上一路往山上走，就在一处小径的转弯处，他看到了什么？（红色的枫林，红色的霜叶。）

c.采访：假如你们现在都是诗人杜牧，我来采访几位，杜诗人，你一转弯忽然看到了这红色的枫林，一片片红色的枫叶，什么感觉？

d.霜叶红于二月花，于，这个字我们在白居易的一首诗中背过的，记得吗？（夕照红于烧，晴空碧胜蓝。——《秋思》，什么意思？比……还。）

e.说一说这行诗的意思。

f.讨论：一年四季，人们一般最喜欢哪个季节？（春）叶与花比，人们一般更喜欢什么？（花）可是在这一句中这一首诗中，你觉得杜牧是这样的吗？（秋比春美，叶比花美）跟别人，跟很多人的喜爱都不一样，与众不同。我们再读一下这行诗，感受这份独特的喜爱之情。

②移情引入，开放品读第三行。

a.如果你看到这么美的枫叶。你会怎么做？（停车）联系生活中自己遇到美景的经历，引导产生共鸣：对美的惊讶、留恋。

b. 强调"坐"就是——因为，再次关注"注释"。

c. 开放品读"枫林晚"：可以去掉"晚"吗？（深秋——联系前文"寒山"与后文"霜叶"，秋日最后一个节气霜降；傍晚夕照，夕阳与火红的枫林交相辉映。）

d. 反复设计情境，读后两行诗。

补充：千古名句，再无人超越，只：晓来谁染霜林醉，总是离人泪。

——王实甫

e. 小结：补充板书："晚"。

（5）诵读整首诗歌。

四、拓展古诗，比较体会

杜牧同题诗歌《山行》。

山行

【唐】杜牧

家住白云山北，路迷碧水桥东。

短发潇潇暮雨，长襟落落秋风。

请同学们自由地读一读，和我们今天学的《山行》比一比，格式一样吗？诗人的心情有不同吗？诗人看到的画面有不同吗？有人说，他的这首诗，比我们今天学的《山行》还要更美，那么课后，请同学们自行体会。

部编版教材四年级下册

23. 黄继光

一、了解背景，引出英雄之战

(播放《跨过鸭绿江》音乐)

1. 聊电影，聊背景，导入新课。

《长津湖》《水门桥》

这两部电影都与同一场战争相关——抗美援朝。

除了这个原因让电影爆红，读读这句话：

1952年10月，上甘岭战役打响了。这是朝鲜战场上最激烈的一次阵地战。

关注这句话中的时间，1952，今年是2022年，你还能找出这两部影片诞生的另一个原因吗？

（1952 2022 纪念英雄，拍摄于抗美援朝战争70周年左右，为纪念，为缅怀。）

资料：抗美援朝战争发生于1950年10月到1953年7月。一开始气势汹汹的美国侵略军于1952年秋开始，在朝鲜战场上处境日益被动。于是，由美国第9军发动了上甘岭战役，于10月14日开始对上甘岭地区的志愿军两个连的支撑点阵地597.9高地和537.7高地北山实施进攻，企图夺取志愿军的防御要点五圣山南麓村庄上甘岭及其附近地区，改善其战场态势。

（地图，板书：597.9 537.7，读好。）

此次战役，在总面积不足4平方千米的上甘岭地区交战双方先后动用兵力达10万余人，反复争夺43天，双方伤亡约3万人，作战规模由战斗发展成为战役，其激烈程度是世界战争史上罕见的。

2.今天我们要认识的，就是70年前这场战役中的特级英雄——黄继光。

3.关注注释。

马特洛索夫，读好名字。介绍资料。

1943年2月23日，在苏联卫国战争中，战士亚历山大·马特洛索夫，为攻克切尔努什村的德军碉堡，用胸膛死死堵住了敌人的机枪眼。同年6月19日，他被追认为"苏联英雄"，此后，苏联政府以他为原型专门拍摄了电影《普通一兵》，马特洛索夫的英雄事迹传遍了社会主义国家。

理解：马特洛索夫式这个词。（启发：雷锋式好少年——像雷锋一样的好少年）

二、初读课文，整体感知

1.请大家略读课文，想一想，黄继光为什么被誉为马特洛索夫式的英雄？

（用胸膛堵住了敌人的枪口，确保了战争的胜利。）

2. 默读课文，1-4自然段，思考：黄继光为什么要做出这样英勇的壮举？用自己的话说一说。

（战斗激烈，时间紧急，火力点阻碍，不摧毁就攻不下，攻不下597.9高地就会丢失已经夺得的那些山头，就会让那么多已经牺牲的战友白白牺牲。）

三、圈画语言动作，感受英雄形象

1. 默读5—11自然段，感受英雄形象。

要求：（1）用笔勾画出描写黄继光语言、动作的语句，好好读一读。

想想说说，你从中体会到怎样的英雄气概？

（2）选择令你印象深刻的一处，写写批注。

2. 和同桌交流交流。

3. 交流：你勾画的是哪一处？文中哪一段？按照文章的先后顺序，依次读一读这几句。

4. 具体交流：正是黄继光的这些语言，这些行动让我们更能感受英雄的品质。哪一句最令你感动？说说你的体会。

（1）第五自然段：注视，请求喊。

读句子，说一说：你关注到这句中黄继光的语言还是动作？

黄继光愤怒地注视着敌人的火力点，他转过身来坚定地对指导员说："指导员，请把这个任务交给我吧！"

注视：关注提示语中"愤怒地注视着"，他会想些什么？（要炸掉，联系前文：完不成任务会丢失，会有更多人牺牲。）——不局限于这一段，可以读读前文，联系自己已经知道的内容。（学生交流）

引读：正是这个火力点，让战士们屡次突击，都被比雨点还密的枪弹——压了回来。

正是这个火力点，阻碍我们拿下——597.9高地。

指导朗读。

（2）第六自然段：喊。

齐读第六自然段。从这里你能感受到什么？（勇敢、果断）

小结：一声呐喊，让我们体会到了黄继光的英雄气概。（板书：喊）

（3）品读文中三次"爬"的语句。

文中多处写到"爬"，找出来，读一读，想想，说说你对黄继光这个动作的感受。

①"匍匐前进"（读，品，相机指导书写"爆炸"）

点评：哪怕受伤，哪怕火力猛烈，他们毫不退缩，匍匐——前进。

②他用尽全身力气，更加顽强地向前爬，还有二十米，十米……近了，更近了。（第八自然段）

读完这句话，什么感受？说说看。有补充吗？读一读。

启发：还有多远距离？需要用尽全身的力气？

讨论关注：多处负伤；对准黄继光，子弹像冰雹一样。

揣摩当时英雄的内心：尽快接近火力点，尽快完成任务，这样密集的子弹扫射下随时有可能牺牲了也完不成任务。

③小结：他是在枪林弹雨中向前爬，是身负重伤向前爬，是在死亡的笼罩中向前爬，也是在焦急紧张中往前爬。难怪要用尽全身力气，顽强向前，一起来读！

过渡：透过"爬"这个动作，感受到他的什么英雄气概？学生板书。

（4）品读文中两次"站"的语句，关注标点符号。

①讨论：面对枪林弹雨，站起来意味着什么？联系自身谈一谈。

对照英雄的行为：枪林弹雨中，他两次站起来，引读第一次"站"。引导关注三个感叹号。讨论：感叹号往往表达情感很浓烈，连用三个，蕴含着哪些感情呢？

②品读感受英雄的第二次"站"。

讨论：这样的危险，他为什么还要第二次站起来？这段话打动我们的绝不仅仅是"站"这一个动作，你还圈了什么动作？

交流，讨论：张开；（向喷射着火舌的火力点）猛扑：与"扑"比较，感受英雄气概；

堵住：堵"提土旁"，意味着用土来堵。黄继光却用胸膛；用血肉之躯堵枪口。

激情齐读：时间在这一刻凝固，我们将永远铭记英雄最后的身姿，齐读这一段。

读完你有什么想说的？

（5）（出采访视频），齐读最后一段。

战役胜利了，英雄却倒下了，可是他将永远屹立在每个人心中。如果用一个词赞美他，你能想到什么？（学生板书）

5.简要复述课文

同学们，英雄的精神感动着我们，英雄的故事值得铭记！请你把英雄黄继光的故事简要讲给同学们听听。简要复述，就是简单讲，讲重点部分。你觉得英雄黄继光的事迹最打动你的情节是什么？想清楚了，其余部分可以一两句介绍即可。（学生自己练习，全班展示，注意关注：简要。）

四、延伸阅读，升华英雄精神

1.引读，整体感受英雄气概。

特级英雄黄继光，他——（读黑板上的词）。那场战役中又何止黄继光一位英雄，仅仅黄继光所在的连队就涌现了很多马特洛索夫式的英雄。每一个姓名背后都是一个年轻的生命，可是他们的生命却永远被定格在了1952年，他们成了当之无愧的英雄。每个时代都有自己的英雄，书后的阅读链接《祖国，我终于回来了》，请大家读一读。

2.和同桌交流让你印象深刻的语句，只要读原句就可以。

3.小结：每个年代的英雄都值得我们尊敬。今天疫情时代，我们也有很多英雄，有名的，无名的，请大家去搜集搜集，读一读。课后，建议咱班同学可以开个"群英会"：读英雄故事，看英雄影片，和同学交流。

4.（播放音乐）最后，让我们再次致敬英雄——黄继光、钱学森。

【板书设计】

	23.黄继光		钱学森
说	爬	英勇无畏	
喊	站	视死如归	597.9
	堵	奋不顾身	537.7
张开　猛扑　堵		舍生忘死	
		舍己为人	
		舍生取义	
		为国捐躯	
		……	

（此为学生现场板书，内容取决于学生的现场表达。）

部编版五年级上册

《我想对您说》习作教学设计

课前预习：

自读习作六的要求，想想你想对谁说。如果是向为社会做出贡献的人表达，请查找相关资料，关注一两件他的具体事迹。

课前准备：作文草稿本、查阅的资料、课件

一、圈画关键词，指导审题

1.出示题目，读一读。（多人读）

同学们，今天我们一起来学写一篇习作。这篇习作的题目是：我想对您说。

谁来读一读，齐读。

2.一看到这个作文题目，如果让你圈一个字，你圈哪个字？（想；您）

3.圈了这个字，我相信你其实已经有了想说的对象，是谁呢？（多人说）

过渡：每个人都有不同想说的对象，看来这篇习作写起来应该并不困难。那我们就来读读这篇习作的要求吧。

二、自读文本，明晰要求

1. 请同学们打开书到第88页，<u>默读</u>习作要求，想一想你读到了这篇习作哪些方面的要求或提示呢？

2. 学生自读，思考。（可以用<u>序号</u>标出你读到的那些要求或者提示，它属于哪个方面。）

3. 讨论交流要求和提示：

（1）我们先来<u>找人读一读</u>习作要求。（提示：下面两个气泡图，请分别将它们插入对应的内容中，一起读完。）

（2）<u>说说看</u>，你们读到了哪些方面的要求或者提示？

交流1：向谁说？想清楚："您"指谁？）<u>**板书：向谁说？**</u>

小结并启发：要有具体倾诉的对象（要求），但是每个人具体想跟谁倾诉有统一规定吗？（只有提示，自己可以选择）

交流2:说什么？（**板书：说什么？**）关于说什么有很多提示，但是无论你说什么，说的一定要是自己的心里话。

交流3：要用书信的形式倾诉。**板书：书信**

4. 再读提示部分，讨论向不同对象倾诉的具体要求。

（1）（看着板书）书信是这篇习作要求的表达形式，那在书信中可以写些什么呢？现在，我想请同学们再读一读这个部分的文字，<u>想一想它给了我们哪些具体提示</u>，然后根据提示<u>思考</u>，你想向谁倾诉，想倾诉什么？用<u>一两句话说清楚</u>即可，说的时候可以<u>关注</u>气泡图中的语言表达方式，可以模仿。（见图2-3）

图2-3　习作六气泡提示图

（2）我们先来听一听想对父母或者好朋友说的内容，谁来说一说，一两句话。

备注：每一位学生说完，顺势要求学生板书，比如：不同看法、感恩、难忘、劝告、建议，解释、道歉、想念、承认错误、烦恼、得意、关心、尊敬、敬佩。

（3）辨析：有位同学拿到这个作文题目后，内容写的是建议弟弟在自己写作业时不要进书房打扰他。你觉得他的习作哪里有问题啊？（题目中是"您"，指自己尊敬的人，年龄比自己长的人，长辈）

（4）话题拓展。

①除了书中提示的这些，我们可以跟父母或好朋友、老师等说的还有很多。比如：想念、感恩、难忘、解释，说明、烦恼等等。

> 话题拓宽：
> 　思考回忆的时候，我们可以从以下几个方面想：
> 　　想说，不敢说的
> 　　想说，不好意思说的
> 　　想说，没有机会说的
> 　　想说，他们没时间听的
> 　　想说，他们总是不接受的
> 　　想说，他们总是觉得不重要的
> 　　……

②受到启发了吗？谁来说一说，你想跟谁说，说什么？

（5）有没有想对那些为社会做出贡献的人说的？看看气泡图，想想你要对谁说？还要简要说清事情。

①指名读气泡图。

②讨论：小作者感激的对象是谁？她的什么行为，什么事情感动了作者？（林阿姨，每天为大家量体温）

③想想：你想对谁说？怎么才能简要表达清楚原因？

④启发关注，引导对资料的运用。

其实，我们在对他们这样的人说的时候，这段提示中最后两句话希望大家特别注意。（指名读）这两句话分别告诉我们什么？

学生：在对他们说的时候也要有明确的对象，明确的事情，有值得敬佩的具体行为。

老师：所以如果你选择这类人中的一位或几位来写，那么课前你需要做哪些准备呢？（了解他的具体材料，有具体事件）

小结：对于我们要表达敬意的这些人我们要有所了解，至少一两件事，要在他们的具体故事中表达敬意。

三、回忆生活，选择对象，练习说事

1. 看来都想清楚要对谁说，说什么了，可是知道要说什么，不代表就能说清楚说得打动人。我想请大家看两段文字。

2. 比较阅读：读一读两个片段，哪一个片段更能打动你？想一想打动你的原因。

片段一：我想对钟南山爷爷说。

在那个家庭团圆的春节，疫情突然来袭，新冠肺炎肆虐，我们大家都待在家不敢出门，而您不顾自己的安危，披挂上阵冲到了疫情的第一线，您仿佛就像黑暗中的一束光芒，给广大的人民群众带来了无穷的希望。您带领着医护人员，与病毒做抗争，与死神争分夺秒，毫不客气地在他的镰刀下抢走了一个个生命，甚至冒着生命危险亲自拯救重危病人。

十几年前，当非典疫情来袭，您实事求是，救治病人，带领着一线的白衣天使们战胜了非典。而十几年后，在这场还没有硝烟的战争中，您又一次挺身而出，亲临一线，自身不顾安危，只为救更多生命，您眼里含着泪水，坚定地告诉了我们："武汉一定可以渡过难关的。"这让我十分感动。

片段二：我想对吴孟超爷爷说。

吴爷爷，您是我国的肝胆外科之父，被评为2011年度感动中国人物，可您却说："孩子们，这世界上不缺乏专家，不缺乏权威，缺乏的是一个'人'，一个肯把自己给出去的人。"吴爷爷，您不就是一个"把自己给出去"的人吗？您一辈子站在手术台上，救治了无数的病人。您右手的食指因长期拿手术刀已经严重变形了，脚趾也发生了严重变形，从视频上我看到，您右脚二脚趾搭在大脚趾上，两个脚趾交错在一起呈X形，想把它们掰开都要费一番功夫。您在96岁高龄时每周还进行三次手术。您仿佛是一名战士，永远捍卫着患者的生命，努力拯救每一位病患，变形的是您的手和脚，不变的是您那一颗带着热忱的心！

3. 学生交流。

（1）不仅有事情，还有因为这件事情他所面临的风险，他所付出的代价，他要克服的困难，包括对自身身体的损伤等。

（2）语言要具有代表个人精神的典型性。

（3）在事情中，语言中被打动，情感真挚。

4. 想一想，你会怎么来说清楚自己想倾诉的内容呢？想好了，说给同桌听一听。

5. 全班交流。

6. 复习作文格式：书信。

①学生看图，自己了解格式。

②交流格式。（见图2-4）

四、学生写草稿

讲述习作要求：以《我想对您说》为题，用书信的格式写写你想说的心里话。

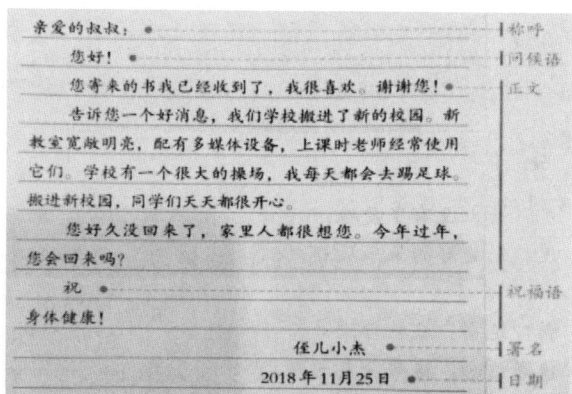

图2-4 书信格式图

五、赏析作文

1.要求：听同学读习作的时候要思考：（1）他的描写打动你了嘛？是什么打动了你？有具体事实吗？（2）有什么你觉得需要修改的词、句子，或者表达不明确的地方。

2.学生读习作，生生互评，教师点评学生的评价：看到写得好的地方，委婉提出意见。

部编版六年级下册

9.那个星期天（第二课时）

一、个性读题，个性场景

1.我们已经熟悉这篇课文的内容，现在再看这个课题，你会怎么读这个课题？（失望的；想念的；懊恼的等）

2.通过第一节课的学习，给你印象最深刻的是什么场景？说说理由。

二、品读"四等"，体味心情

1.为了让母亲能带自己出去玩，作者先后经历了四次等待，期间心情不断变化。你对作者哪一次等待最是同情、难过？（交流）

2.小组内选择其中一次大多数人感兴趣的关于等待的描写，根据要求讨论体味。（见表2-4）

表2-4　《那个星期天》学习任务单

《那个星期天》学习任务单			
母子对话	"我"的等待（至少两处具体句子的品读）	心情	你想对_____说
发现： 启发：	发现： 启发：	备注：注意心情与具体描写的结合。	

（1）根据自选的学习内容，完成相应的任务。

（2）每一个任务的完成最终都要完整回顾，比一比，你能发现作者藏在其中的了不起的表达秘密吗？

（3）汇报时请注意朗读与感受、发现的穿插，按表格顺序汇报。全员上台，各司其职。（每个小组3~5分钟汇报）

（4）根据黑板上的板书规划，完成你们板书的相应部分。（见图2-5）提倡：整体板书之外的小组学习具体板书。

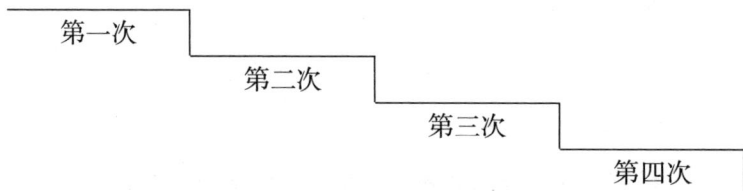

图2-5　"我"的心情变化图

3. 分组学习。

4. 分组汇报，完成板书。

第一次等待（第3自然段）：

可关注：（1）两次母子对话的表达方式——启发：为什么没有冒号、引号。（心情、表达）

（2）①怎么等？②具体句子品读。

站在街门口——位置的暗示；"我"知道"我"得不出声多藏一会儿——对母亲忙碌的理解，懂事等；启发：忘了吓唬与提着菜篮的关系。

第二次等待（第4自然段）：

可关注：（1）在这段"不好挨"的时光里"我"是怎么挨过的？

两个角度：

①常规角度——做了哪些事？

②等待的姿势？

（姿势：跳—站—蹲—坐，每一个姿势里"我"做的事；关注每一句之间前后的联系，心情的渐变；整体感受作者写"不好挨"这样的长时间等待的精妙。）

（2）具体语句品读：

① 院子里<u>就我一个人</u>，没人跟我玩。

② 那上面有<u>一群比我大的女孩子</u>……想象她们的声音。

③ <u>去年的荒草丛里又有了绿色</u>，院子很大，<u>空空落落</u>。

（这三个句子之间联系起来读，你有什么感受？——孤单，对陪伴的渴望；失望，希望越肯定失望越巨大；隔年的草转绿对比"我"等待的那种无望感、挫败感）

第三次等待（第5自然段）：

可关注：（1）母子对话，品读母子对话中各自心情的变化，尤其关注"我"的心理活动。

（2）具体语句品读：

① <u>整个上午我就跟在母亲脚底下</u>：去吗？去吧，走吧，怎么还不走啊？走吧……我就这样<u>念念叨叨</u>地<u>追</u>在母亲的脚底下，看她<u>做完一件事又去做一件事</u>。

比较感受：时间之长；念叨频繁；"追"："我"的迫切，失去最后的耐心，比较之前两次，不愿意再那样乖乖等，几乎开始耍赖了；也可见母亲之忙碌，与后面："做完一件事又去做一件事"，以及最后一句话的表达契合。

② 我还没有他的腿高……我好几次绞在它们中间把它们碰倒。（关注：<u>不停顿</u>，<u>至今晃动</u>，两个<u>"好几次"</u>——绊、绞。）

第四次等待（第6-7自然段）：

可关注：（1）母子对话：母亲的态度；"我"的心情；

（2）具体句子品读：

不能原谅；三次内心的决定：再不，再不，决不许；三次"一声不吭"；光线的变化：渐渐暗下去，渐渐凉下去，越来越远，越来越缥缈，无可挽回地消逝,一派荒凉。

引导讨论:母亲语言的唯一一次冒号、引号的使用,母子那么多对话都没有使用冒号、引号,为什么最后一次没有对话,只有母亲单方面道歉却要加上冒号、引号?

(对话这个词语的深层含义;道歉意味着什么?)

5. 讨论:你对"约定"怎么看?结合文本,你怎么看待母亲对我的一次次许诺?

三、创设情境,读写结合

1. 创设生活情境:在生活中,我们总会因为各种原因等待过一个约定,一个人或者一个结果的公布,因为太在乎,那种翘首以待的心情我相信你会经久不忘。那么回忆回忆,请仿造第4自然段写写那个漫长的等待过程。

2. 学生练习写片段。

3. 交流,评价。

四、推荐阅读,纵向深入

推荐:史铁生《合欢树》。

要求:读一读,感受文中作者对母亲以一种什么样的心情表达怀念的?比较本文你对母亲的认识有改变吗?

第三章　慢养语文理念下的师本课程多维建构

一、理念：慢养语文课程师本建构的主旨导向

（一）新课程改革带来语文课程的新变化

自第八次新课改以来，语文课程从目标、课程内容到课堂教学方式都发生了很大的变化。近年，随着《高中语文课程目标》的颁布，义务教育统编版教材的使用，再到今年2022版新课标的颁布，语文课程改革呼啸而来。

首先是语文课程目标的改变。语文课程培养的目标随时代发展，学生身心发展的不断升级尤为明显。从双基目标到三维目标，再到如今的核心素养。每一次目标的调整我们都能越来越明显地感受到教育对人的关注，对培养全人的关注。2022版新的《课程方案》明确指出我们要培养"有理想，有本领，有担当"的时代新人。围绕这一目标，语文课程将立德树人作为其根本任务，围绕"文化自信、语言运用、思维能力和审美创造"四个方面来精准落地，大力提升学生的核心素养。其次，语文课程内容结构化。新课标以"学习任务群"的形式组织语文课程内容体现了语文课程的本质特征。"任务群"的名称表述本身就体现了语文课程的综合性、实践性特质。"群"在这儿表示是一个语文学习材料的集合体，综合性特征不言而喻。而"任务"就表明语文课程的实践性是通过任务驱动来实现的。同时，它也凸显语文课程"工具性与人文性相统一"的基本性质。但是这是一个新兴结构，目前为止，作为一线老师我们还没有看到一个建立在实践基础上的案例。因此，如何建构任务

群，如何实施还有待进一步研究实践，但是它势在必行。再次，学业质量明确。新《课标》明确提出了"学业质量"，给予了明确的学业质量描述，应该说它为"教学评"一致的实现提供了可能，也很大程度上指明了老师日常教学的方向。目标是指明灯，但是达成目标的路径却是扑朔迷离的，学业质量让老师找到了达成目标的路径，少走了很多弯路。

这是大的变化，深入到语文课程的内部，还有一些非常明显的变化。

"整本书阅读"应该是语文教学改革的一个新亮点。"大语文"喊了很多年，终于看到了它的曙光。新课标在"学段要求"中唯一系统增加的就是"整本书阅读"这一要求。其实早在2016年秋季开始使用的统编版教材及其他版本修订教材就已经尝试打通了课内和课外的阅读，"整本书阅读"的课程价值已经逐步被人们所认识，围绕它开展的各种教学实践也已经逐步为大家所认可。时至今日，整本书阅读已经不再是教师须拥有个人情怀的艰难推广，也不仅仅是教材中通过"快乐读书吧"来推进整本书阅读了。新课标已经不仅将其正式写进了"学段要求"，还在"拓展型学习任务群"里安排了一个专题。由此可见新课标认为其对提升学生核心素养的重要性和其对学生未来发展深远的意义了。在整本书阅读中我们要做到以学生为本，充分体现学生阅读的主体性。戴正兴老师指出："对学生阅读的速度、阅读的时间等不应做硬性规定，应有较宽松的时间；对阅读的方式方法不应进行太多的限制，而应顺应每个学生自身的阅读习惯，以学生愿意接受的方式进行。要真正做到'以学生为本'，必须激发学生阅读的兴趣，尊重学生阅读的体验，拓展学生阅读的视野。"[1]崔峦先生在《谈核心素养和语文学科素养》一文中提出小学语文学科素养涵盖的五个方面时，也指出"提升阅读素养。包括阅读兴趣、阅读方法、阅读习惯，还包括信息意识、信息素养。"及"增加文化积淀，培养爱美的情趣。在学习母语过程中，传承、积淀中华优秀

---

[1] 戴正兴：《2017年语文课程改革看点聚焦》，载《教学月刊（小学版）语文》2017年第12期。

文化，培养审美能力。"①

慢养语文课程从一开始就高度重视学生的语文素养，因此我们的课程内容主要就是从阅读与写作两个方面来建构的，尤其是阅读。为了积淀学生丰厚的语文底蕴，我们建构了诸如名家散文、诗歌、文言文等单篇阅读和整本书阅读课程。这一点恰与新课标精神有许多吻合之处。在新的课程改革背景下，面对这些新变化，根据语文培养新的目标，慢养语文将会以核心素养为导向，着力围绕"文化自信、语言积累、思维能力和审美创造"四个方面来继续完善课程的建设。

（二）现实中学生的阅读状况

阅读，一般理解就是读书。在我国，学生还有一个民间称谓"读书人"。在长长的中国历史上，每一个莘莘学子的确都是饱读诗书之人。但是，曾几何时，学生不再是传统意义上读书人了。他们在语文学习中很少阅读，他们学习语文的方式几乎只剩下一种，做题，做题，再做题。这让我想起我曾经看过的这样一个世界部分国家人均读书的调查数据。（见表3-1）

表3-1　世界读书调查数据

国籍	年人均读书（本）
中国	4.66
韩国	11
法国	14
日本	40
德国	47
俄罗斯	55
犹太	64

我真的无法置信，一个拥有几千年历史的文明古国，年人均读书量竟然是这几个国家里最少的，而且相差还如此巨大。作为国人，我觉得就是这区区4.66本书里是不是还有教辅真的很难说。很多时候读书是一种

---

① 崔峦：《谈核心素养和语文学科素养》，载《小学语文教师》2017年第3期。

氛围文化，读书是一件能彼此影响的事情。这里不想对为什么会产生这个结果做分析，但是我们不能回避的是这样的年人均读书量里隐含着太多对培养学生良好阅读习惯不友好的因素。其中最显著的大概就是家庭的读书氛围会比较淡薄，家人对读书这一行为的态度模糊、认识不够。在改革开放之初"读书无用论"甚嚣尘上。

回顾二十世纪八十年代一直到二十一世纪的今天，学校的唯分数论也极大地戕害了学生对阅读的热爱。不考的不读，不考的不学，好像成了中国所有家长的共识。教育的功利性直接把整本书阅读与积累排除出了学生的学习生活。而这些都会深深影响着学生对读书的认知，对阅读的热情和坚持性。也正是这些不断累积的观念导致了今天学生的现实阅读状况"做得多，读得少"。

作为一名语文老师，如果没有对语文这门学科属性科学的认知，没有对教育内部出现的这种用非语文的方式学语文的清醒认知，我们会被裹挟着一起卷入唯分数论的洪流中。1978年，语言学家吕叔湘在《人民日报》撰文发问："十年的时间，2700多课时，用来学本国语文，却是大多数不过关，岂非咄咄怪事！"44年后的今天，20余年课改后这一状况仍有相当程度地存在。

语文教育里发生这样的事说怪其实也不怪。现实中大家都认为语文这门学科耗时最多，但是效果最差，好像高考时也没有出现同学之间语文分数差距很大的。用老百姓的话说就是语文拉不开差距，不会出现大问题。既然性价比不高，不如转而去学数理化。这种状况直接带来很多不良的后果。首先，学生在语文上花费的时间越来越少，除了语文课，很少拿起书本阅读了，即使花费一点时间大多又被用于做各种各样语文模拟卷了。那些必读书目也被精明的书商做成了各种压缩版，学生家长乐享其成，用最短的时间了解了内容，完成了阅读任务。但是，压缩版压缩的恰恰是这些经典的精华，学生得到的只是抽取了所有精华的知识皮囊。那些语言的张力，鸿篇巨制的结构魅力，整部作品所传递出来的人性等美好的东西都被消弭了。这样的阅读对学生的阅读品位没有滋养，只有伤害。其次，语文课程虽然一直在进行改革，目标也经历了从双基到三维再到今天的核心素养，各种各样的改革新名词层出不穷，但是真正落地的能有多少还真难说。如果我们静下心来走进一线普通老师的课堂，那我相信你感受到的就是时代在进步，但是课堂依然在"穿新鞋走老路"。并且这种课堂还在以传帮带的方式延续着。这样的课堂还不是传统课堂，传统的课堂至少是建立在读背整本书的基础上的。传统语文学习中诞生的文学大儒灿若星河。可是从二十世纪八十年代至今的课堂，教的还是知识，教的方式还是告知。这样的课堂缺失的是对学生素养的重视，泯灭的是学生对语文的学习热情。学生兴趣乏乏，自然没有阅读的欲望，阅读的质量便无从谈起。

语文是一门学习语言的学科，语文是一门实践学科，"语文是一门学习国家通用语言文字的综合性、实践性课程。语文的基本属性是工具性与人文性的统一"。这一语文课程的性质决定了语文学科必须以发展学生核心素养为目标，教与学的方式都应为此而改变。

（三）现实中教师课外阅读指导状况

很多年我一直从事教师的培养发展工作，应该说我接触了一代又一代新生的语文教师，每年都会走进大量不同层次老师的课堂。而在这几十年数以千计的听课中，能听到整本书课外阅读指导课的屈指可数，而整本书阅读的过程指导和结束交流就更少之又少了。这一现象在一定程度上反映着我们课外阅读的现状，四个字：不容乐观。

1.考试不考导致现实不教。长期以来，很多学校用考试分数来作为唯一衡量老师实际教学水平的杠杆，单元考，月考，抽考，专题考，形形色色，名目繁多。有一段时间在全国还盛行过末位淘汰制，虽然最后无疾而终，但是身在其中的老师却是实实在在的如履薄冰。为了能提高学生分数，老师们被裹挟进重复大量做题的漩涡中去，不敢耽误时间，不能把时间消耗在完全不考的内容中去。谁都知道阅读能丰厚学生的底蕴，提升学生的素养，但是这是一个长效过程，而老师只教那么一两年，现实让他们等不起。我们不能也无法用教师的教育眼光，教师的教育情怀来苛责老师，批评老师。评价的制度不变，衡量的标准不变，我们没有理由这样去要求老师。

2.阅读指导课的模式化倾向。阅读指导包含三个不同阶段，大致分为三种不同类型的课：阅读推荐课，阅读推进课和阅读汇报课。学生每一阶段的阅读如果能有高质量的阅读指导，效果肯定是不一样的。每一阶段的阅读指导应该是根据不同书籍，我们面对的不同学生呈现出不同的样态的。但是，现实的状况却远非如此。仅以在现实教学中比较而言还能被关注的阅读推荐课而言，我们都知道任何一种教学的流程一旦被模式化就意味着僵硬、呆板，因此模式化了的阅读推荐课就不可能是万能的。但是，因为课外阅读推荐课在现实中研究的人不多，真正去上阅读推荐课的教师又是少之又少，因此阅读推荐课的流程这么多年来几乎没什么大的变化，基本上就是三段式。（见图3-1）在这样的程序中，因为长期以来的观念导致老师们没有积极性，也没有精力把时间花在模式下的自觉优化或者是打破模式的重新建构。其实这样的模式在现实中如能

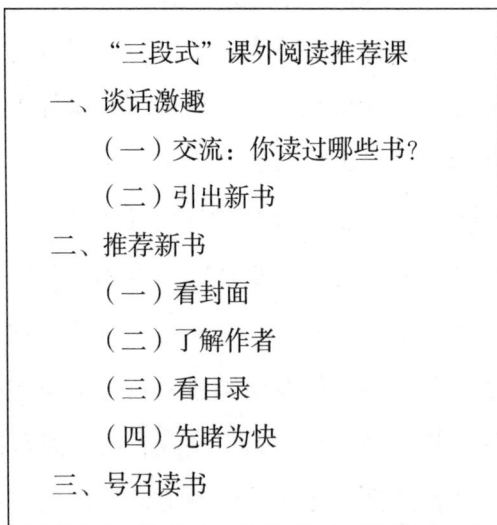

"三段式"课外阅读推荐课

一、谈话激趣

　　（一）交流：你读过哪些书？

　　（二）引出新书

二、推荐新书

　　（一）看封面

　　（二）了解作者

　　（三）看目录

　　（四）先睹为快

三、号召读书

图3-1　"三段式"课外阅读推荐课

被忠实执行，至少是部分达到了指导的目的的。可惜的是，现实中大多被压缩成了几分钟推荐完，或是被机械执行，课堂波澜不惊，结果就会变得新书不"新"，学生兴趣乏乏。

3.教师本身阅读素养受限。一个不争的事实就是教师群体本身的素养参差不齐。造成这种状态的原因很多，首先本身的阅读积淀会因家庭、院校和个人兴趣有差异。其次，走上工作岗位以后，部分老师会因工作稳定了而产生倦怠；部分老师会因环境影响慢慢懈怠；也会因身不由己被"内卷"，除了上课备课，时间还被各种各样的活动无限占用。身心的疲惫也很容易让老师们产生倦怠。身在这样一个紧张忙碌、只争朝夕的时代，在工作之余继续学习其实已经不仅仅是一句工作需要所能支撑得住的了。它需要更浓烈的教育情怀，需要更开阔的教育视野，同时，它还需要你足够健康。教师的工作不是用八小时这个时间概念就可以切割清楚的，很多时候很多工作需要八小时之外时间的延续，需要更多精力的投入。因此，教师工作之余的学习真的是一个体力活。当然，我们也不排除部分老师本身阅读素养很好，但是指导学生进行课外阅读的意识淡薄。这些情况都导致现实中学生课外阅读以及指导不能尽如人意。

二、实施：慢养语文课程师本建构的有效实施

慢养语文课程在经过充分的酝酿和一次次修改、完善中，终于在二十世纪九十年代末开始了它的实践之旅。在实践中我边做边完善，不回避任何一个问题，也不忘记任何一个阶段性结束的总结。为此，我将以一个一个不同课程内容为单位来呈现我真实的思考、研究与实践。

（一）"名家散文朗读"课程的建构与实践

为学生每天朗读一篇名家散文，细细算来我已坚持了二十二年。在感性中获得快乐，在理性中梳理、研究，并致力于这一课程的实践。

1.缘起：一时兴起带来的意外惊喜

我喜欢朗读，喜欢在看到精彩处大声读出来，一读再读，甚至奋笔疾书写下一点当时的感慨。还不尽兴，我便将书带进教室读给我的学生听。那是十二年前金秋时节的事情了。我知道，学生是我忠实的听众。在学生面前朗读，没有任何拘束，音调由心，表情由意，完全是兴之所至，有时甚至舞之蹈之，还不尽兴，刹不住车了，一堂语文课也许就这样被读掉了。也怪，经常这样居然也没有家长反应，学生还越来越喜欢我了，任课老师们反映说我们班的课好上。我听了很是高兴得意了一回，于是一直很感性的在做，没什么计划，没什么准备，也没想到要整理什么，撰写什么。后来赞扬的人多了，我有事没事就会想：这是什么原因呢？将自己的课堂行为，教室行为一一回忆梳理，我觉得可能是跟我的朗读有关。于是打定主意：既然朗读这么有用，那我就要读下去，坚持读。

后来，我又读到了一本书《朗读手册》，美国崔利斯所著。更加坚定了我读下去的想法。书中有这样几句话特别吸引我：你或许拥有无限的财富，一箱箱的珠宝与一柜柜的黄金。但你永远不会比我富有——我有一位读书给我听的妈妈。

读到这句话，我几乎热血沸腾，有一种冲动——我要做一名让学生觉得无比富有的老师。书中还说：朗读是唯一且最重要的活动。朗读应该在各年级都进行。我们教孩子去热爱和渴望，远比我们教孩子去做重要得多。

我告诉自己：做一名朗读者，坚持下去。

2.诞生：长期实践濡养了朗读课程

意识有了，决心有了，但是真要长期读下去，读什么是个很严肃的问题，什么时间读是个很现实的问题。读什么呢？我觉得因为学生小，更要给他们读高品位的东西。费尔巴哈说：人就是他吃下去的东西。教师对学生的影响是巨大的，我相信教师的期望值有多高，学生就能达到多高。因此，我将目光瞄准了散文，名家散文。散文没有小说的扣人心弦，没有诗歌的跳跃，但是有悠悠荡荡的心情，有信手拈来的洒脱，有轻松活泼的山水，有自由自在的风物，最重要的，它有作者活泼泼真实的性情。我读给孩子听，我读的内容不是为了考试，只是为了与学生一起分享美，在美丽的文字中让学生多一份感性，多一点爱，多一些浪漫等，就是要为孩子培养一份语文的心境，用哺育心灵的朗读，让孩子以后的人生之路多一点从容、豁达。这些名家散文超越时间的局限，经受时间的洗礼，只要是经典的，都可以被拿来读。

如果说一开始只是兴之所至，带有很多很大的随意性，随着时间的推移，我在实践过程中，不断思考，不断总结经验，渐渐地，有了一套个人课程的提醒建构。我将其称之为《朗读者》。

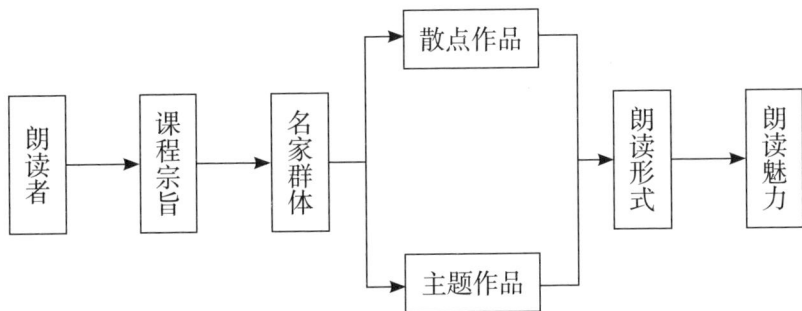

图3-2 《朗读者》课程体系建构

这一课程系统从"课程宗旨""名家群体"来全面把控朗读的质量，确保给孩子高品位、有价值的营养。然后通过合适的朗读形式形成师生爱读畅谈的课程实施基本格调，最后又通过我搜集的一些学生对这一朗读的感言来激励自己，调整课程内容，力图使之更受学生的喜爱。

课程宗旨：

让学生享受文字之美，提高他们的审美情趣；培养对文字的敏感性，提高学生的语文素养。

名家群体：

我为学生朗读的主要是近代名家和现当代名家叙事散文作品。

个人课程，顾名思义肯定会带有个人的理解，个人的鲜明特色。我的这一课程自然以我的理解为基础的。我喜欢散文，我觉得散文短小精悍，随性而为，是很多一时感受的即兴之作，它更能写出人性之真、善，语言也更灵动优美，更适于陶冶学生性情。散文之中我尤喜欢近代作家的作品，现当代作家中我更喜欢港台的，尤其是台湾的一些作家。因此我将我的朗读对象锁定在他们身上。并结合学生的情况，结合我的朗读宗旨，从中遴选出合适的作家作品。

主题作品：

所谓主题主要有两类：一是体验名人风格系列：林清玄——禅宗文学；张晓风——生活散文；朱自清——游记系列《欧游杂记》等名家专题。二是散文内容归类系列：母亲篇、父亲篇，友情篇，人生哲理篇，山水篇等。

无论是什么主题，考虑到孩子心中的故事情结，我的朗读多以名家叙事散文为主体，叙事散文，比起故事有故事的因素，却比故事的描写更富有文学性，用以吸引学生，感受文字之美，我觉得再合适不过。这对孩子的写作也是有帮助的。小学生单纯抒情很容易空洞，因为积累还不够，笔力羸弱，一味写事又不够细腻，我觉得叙事散文恰能弥补这两者的不足。

散点作品：

主要是指不同名家的一些经典文章随意集锦，但是一定能为学生所接受，所喜欢，能培养孩子的审美的。我每年在接新班后，都会对上届用过的书录，在原班做一次调查问卷，然后根据新一届班级学生特点做一点调整。

三年级时我一直坚持朗读泰戈尔的《飞鸟集》，此外还补充了部分作家的作品。这是我2020年执教三年级时的一份读书单。（见图3-3）

朗读形式：

中年段：教师朗读→教师感言（穿插学生感言）。

高年级：教师或学生朗读→学生感言（穿插教师感言）。

在三四年级的朗读，我多是自读自评，偶尔在某些很容易体会的文章中会安排一点学生感言，其余以我说为主。我的朗读为的就是提高

目　录
散点作品：

牵一只蜗牛去散步⋯⋯⋯张文亮	一只小鸟⋯⋯⋯⋯⋯⋯冰心
风中跌倒不为风⋯⋯⋯林清玄	一千张糖纸⋯⋯⋯⋯⋯铁凝
猫⋯⋯⋯⋯⋯⋯⋯⋯⋯老舍	竹影⋯⋯⋯⋯⋯⋯⋯丰子恺
主题作品：（母亲）	
永恒的母亲⋯⋯⋯⋯⋯三毛	母爱⋯⋯⋯⋯⋯⋯⋯毕淑敏
母亲的生日⋯⋯⋯⋯⋯叶圣陶	我的母亲⋯⋯⋯⋯⋯⋯巴金
名家专题：（3位）	
匆匆⋯⋯⋯⋯⋯⋯⋯朱自清	春⋯⋯⋯⋯⋯⋯⋯⋯朱自清
冬阳童年骆驼队⋯⋯⋯林海音	爸爸的花儿落了，我也不再是小孩子⋯⋯⋯⋯⋯⋯⋯⋯林海音
雨荷⋯⋯⋯⋯⋯⋯⋯张晓风	柳⋯⋯⋯⋯⋯⋯⋯⋯张晓风
春之怀古⋯⋯⋯⋯⋯张晓风	老师，这样，可以吗？⋯⋯张晓风

图3-3　2020年三年级名家散文选读

学生的审美品位，很多时候因为他们还很懵懂，我不需要他们的平行位移，我需要点拨、唤醒、提升他们的美感。我期望通过日复一日地熏陶达成我朗读的宗旨。

到了高年级，部分学生的审美品位，心灵感悟都有了一定的层次，因此我的朗读过后，更多时候让他们主谈感言，而我则变成了聆听者，偶尔插言。

朗读魅力：

在长期的实践中记录下这门课程受惠者的感言，既为激励自己，同时也为现在的学生鼓劲加油，为他们描绘一个美好的愿景，让他们怀着美好的憧憬来参与课程的建设。在不断地朗读中，我也不断收到孩子们的推荐作品，最值得欣慰的是这其中有很多是已经毕业的学生寄来的他们读到的好作品。朗读，让我和我的学生们有了心灵的链接，总会在某个时刻彼此想起那些朗读的时光。即使岁月无情，山水阻隔，我们心心相印。

3.生长：时间的流淌中那些美丽的朗读

每一个清晨，当阳光洒满我的教室，伴窗外婉转的鸟啼，我用朗读吸引着一双双乌溜溜的小眼睛，我用文字抚摸着一颗颗稚嫩的童心。

（1）不同风格，多元经典

我从来不会在孩子这样青春年少的时光里，这样懵懂斑斓的时光里只给孩子一种精神的营养。我会不断将精神的盛宴奉于他们，让他们在丰富的声音里，找寻到属于自己的那些人，那些作品。

我为学生选读余光中《左手的掌纹》：

风起时，满城枫落，落无边无际的枫叶，下一季的黄雨。人行秋色之中，脚下踩的，发上戴的，肩上似有意无意飘坠的，莫非明艳的金黄与黄金。秋色之来，充塞乎天地之间。中秋节后，万圣节前，秋色一层浓似一层。

读张抗抗《牡丹的拒绝》：

一阵清风徐来，娇艳鲜嫩的盛期牡丹忽然整朵整朵地坠落，铺散一地绚丽的花瓣。那花瓣落地时依然鲜艳夺目，如同一只奉上祭坛的大鸟脱落的羽毛，低吟着壮烈的悲歌离去。牡丹没有花谢花败之时，要么烁于枝头，要么归于泥土，它跨越萎顿和衰老，由青春而死亡，由美丽而消遁。

选读它们，我想让学生与我一起感受文字的奢华之美，有整齐的韵律之美，有用词之美，有写法之美。在读后的评论中还会有针对性的伴随我对原文注释性的朗读。

我读丰子恺的《竹影》：

几个小伙伴，借着月光画竹影，你一笔，我一画，参参差差，明明暗暗，竟然有几分中国画的意味。也许，艺术和美就蕴含在孩子的童稚活动中。你是否有过类似的体验呢？

文中的幽默风趣，用笔简练而独到，充满了丰子恺作品独特魅力的同时也充满童趣。

而张晓风《春之怀古》：

鸟又可以开始丈量天空了。有的负责丈量天的蓝度，有的负责丈量天的透明度，有的负责用那双翼丈量天的高度和深度。而所有的鸟全不是好的数学家，他们吱吱喳喳地算了又算，核了又核，终于还是不敢宣布统计数字。

张晓风的拟人用得让我怦然心动，我相信学生更喜欢。

（2）相同主题，不同作品

在相同的作品中，我常常会花很多时间去选择不同的作品。不仅仅是作家的不同，更想选出内容不同，风格不同的作品。主题作品，要的就是同类的诸多不同精彩。比如：母亲主题。

我读巴金的《我的母亲》：

母亲对儿女是都一样疼爱的，但是假若她也有点偏爱的话，她应当偏爱三姐，因为自父亲死后，家中一切的事情都是母亲和三姐共同撑持的。三姐是母亲的右手。但是母亲知道这右手必须割去，她不能为自己的便利而耽误了女儿的青春。当花轿来到我们的破门外的时候，母亲的手就和冰一样的凉，脸上没有血色——那是阴历四月，天气很暖。大家都怕她晕过去。可是，她挣扎着，咬着嘴唇，手扶着门框，看花轿徐徐的走去。

这样的叙事，在吸引学生的同时，也能让学生感受到作者对母爱的赞美是有抓手的，有事可依的。

我读史铁生的《我与地坛》：

摇着轮椅在园中慢慢走，又是雾罩的清晨，又是骄阳高悬的白昼，我只想着一件事：母亲已经不在了。在老柏树旁停下，在草地上在颓墙边停下，又是处处虫鸣的午后，又是鸟儿归巢的傍晚，我心里只默念着一句话：可是母亲已经不在了。把椅背放倒，躺下，似睡非睡挨到日没，坐起来，心神恍惚，呆呆地直坐到古祭坛上落满黑暗然后再渐渐浮起月光，心里才有点明白，母亲不能再来这园中找我了。

这种大悲痛虽然孩子们并不能完全领会，但是大悲痛的感悟，对死亡的思考会让孩子们变得深邃。当时读完，教室里一片沉默，我也怅然。我相信刹那在每一颗心灵间有丰富的交汇。

（3）读后交流，师生唱和

读书，其实是一种心灵的相会。我喜欢，朗读之后的交流。儿童用一种天生的敏锐捕捉着作品的精彩，用一种天生的哲思诠释着这样的精彩。而我常常有击节叫好的情不自禁，然后发一通肺腑的感慨。

在读完贾平凹的《月迹》后，学生情不自禁感言："千江有水千江月。心中有明月，就有爱，有情，有幸福。心中有明月的人是幸福的。"

听到这些现场生发的真诚表达，我很激动，我知道那些心灵在悄然成长。按捺不住，于是插言："读的时候我就想到了林清玄的《月到天心》，不同的人看月，不同的年龄看月，看到的月是不一样的。'暮从碧山下，山月随人归'，只要心中有月，美好浪漫就会与你相随。"

（4）温暖感言，水穷云起

这样的朗读一天、一个星期，甚至一个月并不难，难的是这么多年一直在读。不想为人知，不想做宣传，只想安安静静和孩子们一起读。但是，也有懈怠时。每逢这个时候，我就会翻开孩子们关于朗读的感言，一页页读，用纯真的力量鼓励自己、督促自己一路坚持。

学生邓希言这样记录我的朗读："了不起的人有很多，在我心目中，我觉得老师——您最了不起。"

在我熟悉的同学中没有谁的语文老师比我们老师还好。每节课上她都给我们读一篇很好听的文章。她的朗读特别吸引人，抑扬顿挫，绘声绘色。即使同一个字，在不同地方声音也完全不一样，表达出不同的感觉来，一词一句从她的嘴里说出来就透露出特别的情感。我很喜欢听她读故事，慢慢地也能听懂老师话中那些优美的词语了。至于她的语文课嘛，现在每天不听我就觉得今天没上学！

这些温暖的感言鼓舞着、激励着我不仅坚持做这一课程，还不断修改完善这一课程。不仅将其从一开始只有课前三分钟做到课前三分钟与每两周一节完整课时相结合，还将朗读的自主权由教师的选择、提供发展到师生共选，让学生也参与到了课程建设中。一年又一年，学生换了一届又一届，师生共建的朗读者课程的魅力有增无减。

朗读者，我很喜欢这样的称谓。因为这每天的朗读，我充分享受着做一个教师的荣光。

语文是需要熏染、濡养、积淀的。我是语文老师，我是一个朗读者。我相信朗读的魅力可以在记忆中沉淀为佳酿，可以成为孩子心灵成长的力量。

岁月恒久远，朗读永相续。

做一名朗读者，为孩子们一路读下去，这是我对我的学生们许下的承诺。

（二）"流连文言"课程的建构与实践

五年级孩子能背诵文言文一百余篇，四年级孩子就能用文言写作文，五年级孩子习惯用文言写日记。这不是梦想，这在我们班已经成了现实，还令孩子们乐此不疲的现实。我们先来分享两篇我们班孩子练习的几篇文言文：

春赏樱

春风和畅，一日得一空闲，与妈妈驱车至鸡鸣寺赏樱花，其间心情舒畅。停车转至一小巷，巷窄而密，人流熙攘。路两旁樱花齐放，中无杂树，芳草鲜美，落英缤纷。真是昨日雪如花，今日花如雪。有车来往其中，路人皆成"花痴"，长枪短炮，摄之樱花，不亦乐乎。

——文佳玥

幽幽君子兰

寒舍之中，偶放一盆君子兰。无心料理，总觉形体不佳，故弃之一边，不予理睬。某日，忽闻幽幽淡香，只觉心旷神怡。探香寻去，见君子兰独竖一枝，群花盛开，春意盎然。见此花在群物之中，落落大方，花蕊怒吐，即摆弄于堂，以显大雅之气。

——金睿

这都是当堂创作，扪心自问，我们能写出来吗？至少我不能！但是我的学生能！为什么？因为读得多背得多，语感有了，于是写作信手拈来。

随着第八次课改的深入，随着2022版新课标的颁布，我们忽然发现原来遥不可及的课程一下子便如火如荼地在教研中、每一个学校中铺展开来，大有燎原之势。我个人对一窝蜂的现象一直持理性的态度，但是对这次课程建设的热度却很高兴。倘若能扎扎实实做下去，不走形式，倘若真能为学生服务，我是非常喜欢并努力投身其中。

因为课程是一种机会，你提供课程就是给学生一个新的学习发展的机会，个人课程是我作为语文老师送给孩子的最好的礼物。我喜欢借文字和我的学生们倘徉在语言之途，在他们心中种一片绿荫，希望这片绿荫在他们未来的日子里能让生命多点情趣，多点庇佑。

黑格尔说："用感性来表达理性是一种美。"所以作为一线老师我试图用感性的方式来表达我的个人课程——《流连文言》。

1.选择，总有因缘

（1）我爱文言

我喜欢文言那参差有致而富有韵律的句式，喜欢文言那简洁而极富包容力的含量，喜欢文言中所透露出来的雅致和意境，即便民俗文学也自有一种可爱和文化蕴含其中。我自知对于文言我还有很多有待学习之处，但是热爱让我毫不犹豫的选择了它作为我的个人课程之一。所以要说原因，第一便是热爱。

而对于文言课程，经典"素读"的创始人陈琴老师说："这个教学的尝试意义非同一般。它让我们看到了母语教学其实可以让孩子们充满愉悦地接近我们的源头文化，可以让一些经典的文本如此悄然而亲切地贴近孩子的心。"是的，充满愉悦地贴近源头文化，为中国灵魂播下千年文明的种子，这是我做这个课程的根本原因。

（2）学习文言是一种丰富和落实

首先是对教材的一种丰富。中国古典文学体裁除诗歌外还有小说、散文、戏剧等，小学语文教材中古诗的量在增加，但是文言文的数量很有限，中年段一册只有一篇，高年级最多也就每册两篇，因此我觉得也是对教材的一种丰富。

其次是对新课标理念的落实。语文课程对继承和弘扬中华民族优秀文化传统，增强民族文化认同感具有不可替代的优势。新课标"总目标"中又提出：认识中华文化的丰厚博大，汲取智慧。弘扬社会主义先进文化、革命文化、中华优秀传统文化，建立文化自信。所谓文化自信，新课标中这样表述：文化自信是指学生认同中华文化，对中华文化的生命力有坚定信心。

动力有了，但是做一门课程仅凭热爱和理念是不够的，真要做起来有很多现实问题要解决，比如：① 想让学生达到什么目标？② 给学生读什么？③ 什么时间教？怎么教？④ 什么时间查？等等。

2.实践，总伴随着研究

要想建设一门属于自己的个人课程，要想将一门个人课程坚持做下来，并能日趋完善，没有整体构想肯定是不行的。但是一个现实问题是，我们不是科研人员，不是课程专家，所以要建构系统的课程体系是不可能的。不过比起他们，我们有多年一线教学的实践经验，我们了解孩子，知道自己所长，因此，我们依然可以有我们自己对课程的构想。

（1）课程目标

①按不同年级，背诵积累一定数量的文质兼美的文言文。四年级60篇(短小文言文)，五年级30篇(稍长10篇和20篇短篇穿插)，六年级10篇(5篇长篇和5篇短篇穿插)。

②在诵读中感受文言文的特点，领略文言文的表达之美，激发学生学习文言文的兴趣，培养学生文言文的语言感觉，提升学生的语文素养。

要想完成这一课程根本目标，首要的即是对学生学习文言的兴趣培养。兴趣是最好的老师。有了兴趣，其余目标才能达成。谁都清楚，当代语境下，文言太难，音难读、句难通、义难懂、文难用，因为难，学生没有兴趣。其实，这是一个重大误区。学生的兴趣并非教育的起点，恰恰相反，培养和塑造学生良好的兴趣才应该作为教育的起点。因此我将会通过多种渠道来激发、培养学生的兴趣，而恰当的课程内容无疑是重要的渠道之一。

（2）课程内容

有了课程目标，那么在目标统领下究竟要给孩子们读些什么呢？这是个很大的问题。个人课程最大的问题在于缺少监督，这就需要我们加强自我管理，主动学习构建这一课程所需要的相关方面的知识，努力充实自己。只有这样才能避免个人课程提供给孩子的教材所出现的随意或兴之所至的倾向。为了更好地建设这一课程，我主动参加了国学培训班，并购买了大量文言读物有计划地去读，还主动和已经在做文言尝试的老师主动交流。在准备教材的过程中，我跑遍了南京各大书店，虽然有很多这方面的书籍，但是仔细翻阅下来我发现真的要找到一本自己很满意的，适合本班学生使用的教材真的很难，于是我决定另外重编。首先我搭建了这一阅读材料的整体框架，以故事为主，各个主题的文言文相互穿插，不搞专一主题的集萃，自然风景，人文地理，名人逸事，神话常识，气象万千等，要让阅读的内容在阅读的面上给学生拓展，在提升学生语文素养的同时，也能提升学生的科学、人文等素养，同时也能通过新鲜感、趣味性激发学生兴趣。一年多的时间里，我在《论语》《千字文》《文苑精华》《世说新语》《古文观止》《史记》《中国六朝山水诗选》等书籍中反复斟酌推敲，海淘精选，最后初步定下了前十二讲文言阅读资料。

回想在选择这些资料时候，我很慎重，甚至达到了诚惶诚恐的地步。因为我想既要能够保证把自己水平范围内最好的东西带给孩子，还要注意内容的趣味性，所以有点难度。不过虽然辛苦点，对自己实际上

流连文言(七)

(一)一日有夜，分为十二时。子丑寅卯，辰已午未，申酉戌亥，是也。夏日长而夜短，冬日短而夜长。夜半为子，日中为午。午前曰上午，午后曰下午。

(二)西施病心而矉①其里，其里之丑人见而美之，归亦捧心而矉其里。其里之富人见之，坚闭门而不出；贫人见之，挈②妻子而去之走。彼知矉美，而不知矉之所以美。

(三)刘伶身长六尺③，貌甚丑悴④，而悠悠忽忽⑤，土木形骸⑥。

注释：①矉(pín)：皱眉头。②挈(qiè)携带。③六尺：相当于现在四尺多一点，是比较矮小的。④悴：憔悴。⑤悠悠忽忽：悠闲、不经意的样子。⑥土木形骸(hái)：把身体当成土木，不加修饰。

图3-4　自编教材："流连文言"第七讲

也是一种提高，教学相长。在阅读材料中你会发现自己会不断地与陌生的风景，陌生的自己相遇，新鲜感会触发你不断开发的激情。

这三篇材料，第一篇相对独立，是关于生活常识的，而第二篇是一个成语故事，第三篇是名人逸事。我希望用语文让孩子在学习语言的同时更能学会与万物对话，与自己对话。尤其是第二、三篇，在读懂读熟基础上的纵向比较，孩子们很快就领悟到："人，不论美丑，关键是要勇敢地自然地去做自己。故事，哲理，故事蕴含哲理，哲理提升故事主题，相得益彰。孩子们在比较中欣然领悟的除了哲理，还有更多的是阅读本身的乐趣，感受更多文言文短小精悍的魅力。

（3）课程实施方案

关于课程实施方案主要分为两个方面来讲。

①授课时间：

一周一节(具体执行会根据自己本周的教学任务和课表，做到相对固定)。

因为是个人课程，所以时间安排上可以灵活点，我的原则是只要保证一周一节即可。

109

在确定目标，选编好教材后，用什么时间教成了头疼的事情，真的是个问题。国家教材的任务单看课文似乎不算多，但是所涉及的枝枝杈杈知识点很多，能力培养点同样多，再除去学校活动，节假日耽误的时间实际上语文课时间并不宽裕。但是总想给孩子们点经典的文言滋养，于是在最开始我研究整合国家教材，专题整合，知识点整合，等等，还加强预习研究，压缩时间，保证做到最少两周一节。

以部编版五年级上册教材为例，我在对课文内容进行充分研读后，经过整合优化，我可以节省出很多课时。

五年级上册	98~109课时 (建议)	88课时 (缩减)	10~21课时 (优化)	10.2%~19.3% (优化率)

图3-5　教材整合课时

② 授课策略：

以诵读为主，当堂朗读，当堂背诵，简单理解，以感受古文的情趣。具体步骤为：读通——读熟——初懂——背诵。

学习文言，传统的方法是多读。熟读成诵、以熟求通。唐德刚先生在回忆自己早年语文学习经历时，发过这样一通感慨："学龄儿童在十二三岁的时候，实在是他们本能上记忆力最强的时期，真是所谓出口成诵。要让一个受教育的青年接受一点中西文学和文化遗产，这个时候实在是他们的黄金时代——尤其对中国古典文学的学习与研读，这时如果能熟读一点古典文学名著，实在是很容易的事——至少一大部分儿童是可以接受的；这也是他们一生将来受用不尽的训练。这个黄金时代一过去，便再也学不好了。"以熟为本，旨在积累。其实，旧时私塾那种以读为本、以熟求通的做法，终极目的皆为积累。童蒙时期输入大量经典、完整的文本信息，为占辞行文确立可效仿的典范，以期达到将来厚积薄发之功，正所谓"使其言皆若出于吾之口，使其意皆若出于吾之心"。这才是真正高效的语文之道。

正因为方法的得当，大大激发了孩子们学习小古文的兴趣。不只是每一篇都人人会背，还要比谁背得有感觉了；有感觉后，又比谁背得快，用的时间短，如此等等。总之，一个背诵我也会让它推陈出新，花样百出。所以如果哪一周小古文课放到周五上，那前面四天孩子们会不断抗议。

当然，学习文言文，我们可不是只有读读背背，我们还有写。因为是以培养兴趣为主，因为只是渗透文言，感受文言的魅力，所以写的次数当然不宜多，偶尔一两次，调一调兴趣，练练冲动即可，其实也是一种运用。任何一种语言的学习最后只有化为己有，才能真的为我所用，才能成长为孩子的语文素养，才能借由文言塑造出孩子身上一种独有的中国气质。

关于练习写，我们四年级以及五年级上学期有过几次，比如《拉小园》《自我介绍》《春日》。效果惊人得好，孩子们能将平时背到的用上，还能模仿文言文的句式、语调，很了不起。读着孩子们的作品，虽然稚嫩，但是我知道因为这一课程，我为孩子们打开了认识世界，学习语言的另一扇窗户。因为这一课程，孩子们也认识了另一个不同的自己。

这是四年级上学期孩子们的作品《拉小园》：

南京城中，有一名校曰拉小，望其门，简化朴实，庄严肃穆。其地不广，然景色优美。五子树高入云，桂花树香入鼻，小桥流水，书廊安静。观其生，仪表堂堂，落落大方。

——胡晋宇

我的学校，生机勃勃。参天银杏，秋日，金叶如扇，初冬，木叶尽脱，落叶如蝶。五子登科，高大挺拔，枝繁叶茂，四季常青。小巧桂树，金秋飘香，香气四溢，其花隐叶中，虽无繁花艳丽，但香气胜百花。九九石阶，幽幽小径，高低错落，曲折蜿蜒。路尽，小桥流水，鱼跃其中，其名曰智慧若水。小小书廊，阵阵书声，悠扬飘荡。

——钱晨

而到了五年级下学期的时候，我发现一周三篇微生活记录时有些孩子竟然悄然开始用文言来记录生活，运用之娴熟，让我瞠目结舌。

这一课程也因为对祖国语言魅力的直观感知，它召唤着孩子们对语言的热爱，改变着孩子们语言的感觉，文章的面貌。孩子们的作文变得干净简洁，孩子们说话作文的引用变得信手拈来。我喜欢这种感觉。

感受着孩子们的喜欢，我很庆幸自己通过文言课程的建设帮助孩子们打开了视野，也打开了语文这扇门，让孩子的生命多了很多种可能！

（三）"整本书阅读"课程的建构与实践

可以教一个班语文真好！究其原因，我最想告诉你的是，一个精彩的语文教师，自身的深度之外，他真正的精彩应该在于他的学生，应该在于引导他的学生爱上阅读，与文字坚守一份美丽的不离不弃。让他的学生能够因为他而爱"读那些永恒的书，做一个纯粹的人"。让他的学生能够甘心成为一个读者，加入人类精神文明的传统中去，经由阅读之路慢慢发现另一份有别于平常快乐的知性之乐，然后慢慢地过上一种睿智豁达、丰厚涵养的人生，用阅读为孩子的人生奠基。正是基于这样的想法，我们开始在应试的樊篱中为孩子们打开阅读的门，让阅读的馨香伴随每一位学生，愿书的光芒能照亮孩子今后长长的人生之路，我愿每一个孩子都能从书中汲取营养，阳光成长。

整本书阅读不是什么新鲜的事物，回顾圣贤大家的成长之路，个个都是一部整部书阅读史。因此我的整本书阅读课程就以"多读书"为出发点，以"好读书，读好书，成为终身阅读者"为目标。从三年级开始基本上以一月两本，一本必读，一本自选的节奏推进课程的进度。必读书籍主要来自我的推荐。具体读书时间基本是每晚20分钟，睡前10分钟，白天每天中午20分钟。检查的方式主要是通过每天的打卡，以及中途的读书活动，结束时的汇报交流。

较之轰轰烈烈的学校阅读活动，我更愿意班级读书活动是寂静花开，默然感动的。这应是班级读书活动成熟的标识。班级读书活动在走过长长的轰轰烈烈的校园读书活动之路后，我们开始思考：褪去宣传的标识，读书更应是一种去游戏化的，去活动化的精神丰富。真正的阅读应该伴随的是宁静的思考，是一条向内的、深邃的道路，它可以直抵人的内心。因此，班级读书活动应该有这样的内质。

1.自由，与读书的哲学相逢

自由是人类精神追求的最高境界，读书能供给人类丰富精神的营养。给予学生阅读的自由就是尊重生命对自由的向往，就是鼓励学生追求自由的精神享受。那么我想，自由应该是一个班级开展读书活动的核心元素。阅读是一种精神享受的过程，对于小学生来说，阅读的自由可以是允许孩子有不同的阅读姿态，姿态的舒适程度直接影响着我们阅读的心境。阅读的自由可以是阅读书目的选择。小学生由于知识阅历的限制，读书有时完全只按兴趣而来，类型单一，或流于浅阅读。费尔巴哈说：人就是他所吃的东西。至少就精神食物而言，这句话是对的。因此要给学生读有品位的书，读经典。所谓品位，周国平先生是这样定义的："所谓品位，就是能够通过阅读而过一种心智生活，使你对世界和人生的思索始终处在活泼的状态。"[1]周先生同时认为："智力活跃的青少年并不天然地拥有心智生活，他的活跃的智力需要得到鼓励，而正是通过读那些使他品尝到了智力快乐和心灵愉悦的好书，他被引导进入了作为一个整体的人类心智生活之中。"[2]分析周国平先生的话，我们知道作为老师，对学生的读书要有适当的引导，但是切不可只求统一。阅读推荐要留给学生适当的空间，允许有自读书目，并能在班级读书交流会上给自读书目一个名正言顺的分享空间。阅读的自由还可以是无功利阅读。阅读，是一种生命滋养的过程，它注重的是通过长期的熏陶感染，提升一个人生命的质量。无功利阅读是因为爱读所以读，是积累之态，闲适之态，也是自然之态。这样的阅读自由，因其没有任务、没有压力，而能真正走进孩子的心灵。它是真正能将阅读坚持为一种生活，

①② 周国平：《阅读真正的好书》，载《思维与智慧》2017年第2期。

一种修养的最佳路径。我们要谨记阅读只是阅读的本身："闲静少言，不慕荣利。好读书，不求甚解。每有会意，便欣然忘食。"这才是真性情、真阅读。阅读它不应刻意负载着写读后感的使命，不应刻意负载着任何外在的东西。在阅读中，我们能做的就是给孩子安静的时间，不为写而读，不为摘抄而读，把真正的阅读自由给孩子。

2.快乐，与读书的携手欢游

读书唯求愉快，这是一种很高的境界。在走过无数繁华的形式后，这一境界的高远是一种返璞归真，是一种顺应自然、顺应天性，是将读书还原为本我心灵的外显。读书，最终的目的是什么？我想应该是获得一种精神的愉悦。它不能也不应该是一种炫耀，一种姿态，一种急功近利。在小学阶段引导学生读书，快乐是激发其热爱阅读，持续阅读，养成阅读习惯的重要因素之一。首先，读书的快乐应该是来自书中。学生单纯地因书中人物悲喜交集，爱不释手，即使痛哭也是一种酣畅淋漓的情感宣泄。而教师在尊重学生自我选择阅读书目的前提下，适当的推荐也要从儿童的视角出发，要适合于儿童阅读，不能以其本人嗜好左右学生的阅读书目。苏霍姆林斯基曾说："给孩子选择合适的课外读物是教育者极重要的任务。"其次，读书的快乐来自共读的亲密。师生共读。"向师性"是小学生最明显的情感特质。与老师共读，不只是带来阅读的愉快，彼此的心灵呼应，彼此共同的感受，心照不宣。还有一种荣耀感伴随，快乐在这样的阅读中潜滋暗长，美不胜收。亲子共读，让读书的快乐，相处的天伦之乐合二为一，两代人因阅读而彼此悦纳。生生共读，与同伴共读，他们获得的愉悦除了友情之外，更多的是共读书目带给她们的心有戚戚焉。再次，读书的快乐当来自分享交流。心理学研究表明：人是需要倾诉的。在班级读书中教师要善于开动脑筋组织开展丰富多彩的读书交流活动，为学生提供多渠道的交流空间，让他们在分享中获得成就感，享受作为一个主动言语者的骄傲。最后，读书的快乐当来自阅读者本身。阅读，所能带给我们的宏阔视野，心灵享受让我们痴迷于阅读本身。我们不为治学而读，我们只是喜欢阅读而已。当阅读成为生活的一种需要，我们所沉浸的其实恰恰只是阅读本身。正如孩子们所说："读书不觉累，阅读越有味。"

3.丰富，与读书的全面握合

如果留心的话，我们会在很多场合，很多文章里读到同样一个观点：提倡读杂书。随着社会的发展，通识型人才越来越成为一种趋势。今天的读书再也不能只是单纯的线性发展。这里的丰富可以是跨学科的阅读，是书目的种类繁多。可以将阅读渗透到每一个学科之中，让读书成为一座桥梁，沟通所有的学科，又跳出学科的框限。在这样的阅读中，儿童的语感渐渐敏锐，综合素养可以得到提升，多元智能够得到综合发展。丰富可以是阅读材料呈现形式的丰富。有纸质稿、电子稿，有电影阅读、CD阅读、音乐阅读、旅游阅读……有绘本阅读、画册阅读、纯文字阅读，等等。丰富可以是读书指导的精彩纷呈。教师的指导方式已经一改往日的教师讲学生听的模式。教室走下讲台，和孩子们一起讨论书中人物的悲欣交集，和孩子们一起创作绘本，和孩子们一起聆听音乐，观看电影，和孩子们一起郊游踏青，感受文字书写的美好。当然阅读的丰富绝不仅仅限于此，在阅读中，丰富既是向外的延伸，是方法的渗透，更是向内的生发。因此丰富可以是多角度的交流，让学生在同伴的交流中丰富自己阅读的视角。丰富可以是多种表达方式。针对不同的文本运用不同的表达方式，是辩论还是演讲、讲故事，抑或是剧本表演、实验等等。究竟哪一种表达方式更适合呢？这需要老师课前精心的设计。丰富还可以是微博微心情。没有规定，只是在读完后的某一个合适的时间，每个人发自内心的用一两句话的微博抒发一下自己读后的心情。享受彼此，丰富、感性、温馨又动人。打开班级微博，一条条连起来读读，你会觉得很美，就像一首诗，创意无限，又精彩无比。

4.深入，与读书的个性对话

读书是一种非常个性化的行为。读书不是要你忘了自己，把自己变成似是而非的别人。读书最大的乐趣之一应该是发现自己。周国平先生认为："自我是一个凝聚点。不应该把自我溶解在大师们的作品中，而应该把大师们的作品吸收到自我中来。对于自我来说，一切都只是养料。"所以周先生高呼："读大师的书，走自己的路。"读书只有这样沉浸书中又跳出书外才能为我所用。读书中，要追求与书，与大师产生心灵的契合，产生深度的精神对话，要深入地读，要读得深入。深入可以是在广泛狩猎的前提下就同一主题书籍的纵深。因为喜欢，所以就围绕这类主题大量地读，与主题中形形色色的人、事、物深度谋面，精神会晤。深入可以是教师追求教学方式的转变，去追求成为学生的共同阅读者和伙伴，引导学生做有意义的思考，培养学生思维的主动性和创造性品质。引导学生不囿于作品，不盲从别人的解读，运用自己的生活、知识与体验来理解感受作品，深入体会作品公认的、普遍的意义。并能引导学生将个人感性的读书方法进行总结归纳，整理出带有鲜明个性特色的基本阅读方法。深入可以是读书之后一种写的渴望被激发。对此，周国平先生是这样表述的："读了它之后，我自己有遏止不住地想写点什么的冲动，哪怕我想写的东西表面上与它似乎全然无关。它给予我的是一种氛围，一种心境，使我仿佛置身于一种合宜的气候里，心中潜藏的种子因此发芽破土了。"[1]这样的读书是一种深入，是一种对心灵，对精神的深度释放。没有人要求你，不是必须写，但是你要写，你想写，不写不快，不写如骨鲠在喉。就像张璐瑶小朋友读完《木偶奇遇记》便信手为可爱的匹诺曹写了这样一首可爱极了的小诗："忽然想起了/童年里的/那个叫匹诺曹的木偶/其实/保持木头的姿态/有什么不好/简单而真实/不必考虑肚子/不必担忧成绩/只是迈着轻快的脚步/快乐地做工、快乐地学习/做一个真正的好孩子。"这是孩子的诗，有感而发，情不自禁，诗中的简单随性，诗中稚嫩的叩问，都会让我们在欣赏之余沉思良久。

　　这样的整本书阅读活动特质能够有效地规整着、指导着我们的班

---

[1] 周国平：《把心安顿好》，浙江人民出版社 2020 年版。

级读书活动，让我们的班级读书活动各具特色，"大家不同，大家都好"。但是在引导孩子走上阅读之路时，我们知道仅仅思考、研究其内质是远远不够的。我们必须让孩子真实地捧起书来阅读，必须让孩子自己要读书。换言之，也就是我们必须要让孩子爱上阅读，心甘情愿地读，让阅读成为一种自觉的自由的快乐生活，让读书成为读书人最好的休息。我们希望班级读书活动是一种引导，是一种耳濡目染，是一种单纯的彼此欢愉。因此，我们致力于这一实践策略的探索。

1."三爱"，营造浓郁的读书氛围

心理学研究表明：一件事情要想保持它的持续性，爱是其中必不可少的情感保证。那么，读书要想成为每个学生的一种生活常态，爱上它显然是必须的。我们在实践中力求以"爱"引导爱，在师生情、同学情、亲情以及弥漫的书香浸染下营造了一种"爱"的读书氛围。

（1）爱读书的老师

"亲其师信其道。"在我们与学生共处的日子里，首先要让学生爱上我们，然后我们才能带动学生，引领学生。针对读书而言，有人说："只有爱读书的老师才能教出爱读书的学生。"读书的意义对于老师来说是不言而喻的，对于学生来说意义则更是我们所无法预料的。榜样的力量是无穷的，当师爱与榜样相结合时，我们有理由相信他们所撞击融合的力量绝对不亚于原子核。在读书活动中我们要处处注意以身作则，做出榜样。我经常和学生分享我的读书故事，朗读令我感动的片段，让学生从我身上真切地感受到读书的乐趣。第一小组前有一张课桌，那是我特地放的，课桌上除了学生的作业本外，我常在上面放上我最近读的书或教育杂志。大课间结束，中自习之前或是课间，我坐在桌前翻一两页或认真地读着。学生出出入入都能看到，这让他们知道自己的老师爱读书。久而久之，无需说教，学生们也会效仿老师的做法。

当网购成为当下很多人的消费习惯时，我也常常网购。不过送到学校的，我都让学生去拿，他们看到的都是我买的书《安妮日记》《亲爱的汉修先生》《我身边的科学》《夏洛的网》等等。有位叫陈新乐的同学还会经常从家里带书给我看。我想在他的心中语文老师是一个热爱阅读的老师。

（2）爱读书的同学

同伴激励力量无穷。在每一次刚接班时，我们都要对学生晚间在家情况有一个了解。每每都会发现很多孩子将学习仅仅理解为写作业。他们会在中午放学前问我中午有什么作业，下午第二节课后追着问晚上有什么作业。当家庭作业少时，家长还会打电话告诉我作业太少了，孩子写完作业直接看电视了，家长希望加作业。很显然，很多孩子，甚至部分家长也并不知道语文的学习除了书面作业，还有一项更重要的内容就是读书。怎么办？强加读书作业，不行。"物色"了几个孩子，他们就是我要树立的读书榜样。"看，陈新乐写完作业就准备看《三国演义》了。"学生写作业，巡视一番，陈新乐快写完了，我就这么大声一说，其他已经写完的孩子也自觉拿出全班共读的《三国演义》。"我很想能跟大家分享昨天晚上的读书收获，可以吗？"晨会课上，史雨梦、丁雨婷、孙阳……分别准备发言了，这些都是事先安排好的发言学生。他们滔滔不绝地讲着，下面是一双双羡慕、佩服的眼睛。于是更多的读书小明星涌现了。

（3）爱读书的家长

家长的言传身教对孩子非常重要，家长之间相互影响的作用也是非常大的。《论语品读》（学生精读版）每一篇分为四个内容《原文》《名师讲坛》《闲话人生》《心灵捕手》。《原文》部分对学生来说有些枯燥，但我觉得每一篇中的经典名句应该让学生读背，这需要家长配合，和孩子共同读背，以激发孩子热情。《闲话人生》和《心灵捕手》是浅显易懂的小故事，如果孩子能说给家长听，读书的同时也锻炼了孩子的口头表达能力。所以在全班共读《论语品读》时，我希望家长也能加入。

为了带动更多的家长积极投入亲子共读，我会通过校信通发信息的全班学生家长，每天表扬两个或三个认真负责的家长。一轮下来，绝大部分家长配合很好。家长之间相互学习，相互影响。家长在与孩子共读中也养成了督促孩子养成读书的习惯。苏雪阳、潘婕、刘宇豪等很多家长表现突出。

2.巧置，设计书卷的读书环境

儿童阅读专家崔利斯也说："如果有可能，就用书来搭建房顶。"这当然有些夸张，但如果我们能将这个理念渗透到我们的教室布置上，让学生每天都浸润在书香之中，就能使学生自然而然地萌生读书的内在需求。

（1）张贴读书名言。名言由学生搜集，学生遴选，然后写成条幅挂在教室里，每周更换一句，让孩子们体会读书使人快乐、读书使人聪明。

（2）开辟"读书与我"写作展览。同学们把自己撰写的读后感、好作文等贴在"书韵飘香"里。定时更新作品，在这里，孩子们和书中的主人公对话，和同学们交流读后的感想，和同学们一起分享写作的乐趣，读书的妙趣。一面墙壁，飘溢着浓浓的书香，学生每天浸润在书香之中，自然地萌生出读书的内在需求。

（3）绿色植物点缀。在教室的每个窗台上、图书柜的架子上我都会摆上几盆绿色植物，有了他们的衬托，教室给人的感觉清新、优雅，给浓浓的书香增添了一抹绿色。大概因为文字的感觉，书橱上方一开始摆放着一个孩子带来的仙人掌盆栽，很小的那种，忽然有一天发现换了，换成一盆素净的吊兰。我问："为什么换了？"带吊兰的孩子说："仙人掌不适合放书橱上！书橱上应该优雅点。"我要向书致敬，向优雅致敬！我愿意孩子们一生都能这样优雅地生活着。

（4）建立班级图书吧。在我们教室的后面有一个班级图书角，班上每个同学至少带来了三本书，使小小读书角拥有了一定数量的书籍。我还要求孩子们对自己带来的书作简单介绍，把推荐的理由写好，贴在书的封面上，方便其他同学的借阅。

（5）美文欣赏：将教室前后门利用起来，做成美文欣赏专栏。教师每周向学生推荐好文三篇，并加以点评，引导学生品读文字，享受生活。

3.活动，分享着彼此的读书感受

哲人说："一个快乐，两个人分享就会变成两个快乐。"在读书中，即使在读同一本书中每个人的感受都是不一样的。"一千个读者就有一千个哈姆雷特。"这样的分享真令人陶醉。在读书中，为了分享彼此，丰富自己，我们举行了大量的班级读书活动。开展这些活动既是为了分享，也是为了更好地推动阅读，让书香韵味日渐长。

NO.1周五爸爸妈妈故事秀

每逢周五，班级里的爸爸妈妈轮流来到班级，回到童年时光，讲述自己童年时期最爱听的故事给孩子们听。也许普通话不太标准，也许表演不够精彩，但是那份投入，那份卖力，那份热情深深地感染着每一个孩子，点燃着孩子们阅读的渴望。

NO.2亲子读书交流会

在校园生活之外，我们会在某个周末，阳光灿烂的日子，家长们带上自己的孩子与孩子的好友居家聚会，三五成群，朗读的是自己喜欢的故事，表演的是自己编导的书中故事，聊的是关于读书、借书、买书的经历。

No.3手绘故事大赛

你有特别喜爱的故事吗？你有特别喜欢的故事中的人物吗？那么，好吧，我们来个"手绘故事大赛"。每个人在阅读中都会感受到有一些故事，在黑白文字的跳跃中依然散发了不可抗拒的召唤的力量。于是，绘本故事，我们来创作。

No.4童话人物一日秀

在这一天，你可以扮演成自己最喜欢的书中人物形象。从早晨到晚上，你可以尽情沉浸于那个童话的世界。孩子们在这一天，游戏的内容忽然变成了古今中外童话故事的大融通，大穿越。真的有意思极了。

No.5优雅漫步

每天在午餐前，老师的身边总会围着一些孩子，他们正在向老师展示着自己最近才读完的一本书，他们期待着老师会因此发出邀请卡："王诗玥，中午我们一起散步吧！"能和老师一起去散步，成了这个班所有孩子的梦想。

No.6"多媒介阅读引路"

在整本书阅读推荐时，我常采用了电影电视精彩镜头剪辑的方法激发学生去观看整部电影电视并进而进行整本书阅读的兴趣。例如《西游记》《宝葫芦的秘密》《小英雄雨来》《海蒂》《白雪公主》等等。

NO.7"阅读三人行"

"读书三人行"每组由6—8人组成，成员均是根据共同的兴趣爱好自行成立，以自己喜欢的书中人物命名，比如可以是：小鼹鼠队、安妮小队等。每个小组都设立了组长、新书发布员、活动记录员等岗位，分工明确。这样既可以保证组长领导下的小组能有序进行活动策划、实施等，也可以让组员提前都能了解本小组近期活动中要阅读的图书，利于开展相对应的活动。

表3-2 "读书三人行"各个岗位职位表

岗位	工作职责
组长	负责小组的各项事务，主要是活动的策划、实施。
新书发布告员	定期发布一些优秀的读物。
读书笔记负责人	每本书读完后及时收集读书笔记，进行整理评比。
活动记录员	及时、准确记录小队每次的活动过程。

NO.8无作业日

每周二应该是孩子们最快乐的时光。每年开学初，语文老师都会与数学英语老师协调出一天不留任何作业给孩子。这一个晚上的时间就只有一件事情：读书。一开始，我们会要求家长记录孩子读书时间，后来会不定期抽查，最后，这一晚成了一种渴望，读书成了一种生活。

No.9快乐漂流

我们的图书漂流更有趣。打开任何一本漂流中的图书，你会在扉页上看到热情的书友邀请留言，看到小读者读完后的由衷感言。有些有心的孩子还会在里面夹上自制的漂亮书签，书签上有自己亲手书写的读书名言。拿到这样的书读，你会更加珍惜。校园内，因书成为书友的很多，他们虽然跨班级，甚至跨年级，但是乐此不疲。

其实在静静的读书中，活动不能也不应该是读书的常态。引导孩子读书不是为了活动，不是为了展示。其最终目标是为了让孩子过上一种崇高的有意义的人生。"一个人的阅读史就是他的精神发展史"。朱永新教授这样说。因此在小学开展读书活动，更多的是因孩子的年龄特征而存在的。孩子有时必须依靠一定的活动来一波一波地激发他们读书的欲望，维持他们读书的兴趣。我们始终清楚地知道：读书活动的最终目标是为了让孩子更快地更好地爱上阅读，成为一个自觉的快乐的阅读者。

"淡淡墨香，入骨绵长，书味悠远，引领徜徉"。阅读虽不能改变人生的长度，却能改变人生的宽度。就让我们一起努力，让孩子的人生一路弥漫书香。

（四）"主题写作"课程的建构与实践

众所周知，写作是运用语言文字进行表达和交流的重要方式，是语文素养的综合体现。提高学生的写作水平也成了我作为老师矢志追求的目标之一。

一个重视学生写作能力提升的老师在学生的不同学段都会潜心研究写话或者习作。正是这一想法让我的这一课程建立之初就具有了完备的小学三学段相互独立又互相融合的三种主题写作的样态：串词写话、微写作和私人文集。

1.一组三词，突破直觉，连接想象

这一课程适用于低年段。为了便于理解，便于操作，我的表述更简洁："一个词"、"两个词"到"三个词"。"一个词"和"两个词"阶段我想绝大部分稍有情怀的老师都会或多或少经历过，只不过可能坚持性不够。不过"三个词"阶段才是我提升低年段学生思维与表达的快车道。诚然，一个词、两个词低年段的学生也可以写出不错的，不算短的一段话，但是给定三个词的时候，并且一眼看不出联系的三个词的时候它需要太多思维参与进来方能完成一个写话任务。

这一课程最早可从一年级第二学期开始。当时的操作频率是一周一次，我一般会放在周二的语文课上。我给了每个学生一个专门的方格本用于完成此类写话，第一届进行这项写话训练的学生作文本至今保留。

我几乎是带着好奇的心态开始了第一次的尝试。那一天是2月14日情人节，我给的三个词语是："爱、笑脸、柳树。"凭借多年教学经验，我知道对于一个一年级小朋友来说这三个词之间的联系，无论是任何一种都不会被轻易发现，但是我不想启发，因为我太想看看能有多少种奇妙的想象了。我让他们自己想想，可以小声说出来给自己听。然后又让他们同座位互相说说自己的想象，前提是不准跟别人想成一个样的。最后，我鼓励他们写成两三句话，不会写的字用拼音代替。

40分钟后，我收上来的写话本成了我教学生活中最开心的回忆之一。摘录几篇共享。

（1）我爱妈妈，每天妈妈送我到校门口都会露出笑脸对我说："宝宝加油！"我都七岁了，还叫我宝宝，真难为情。我回头看妈妈，她站在柳树下的样子很美丽。

感受：你是不是和我一样佩服这个孩子的思维力、想象力和语言表达力啊！他将生活的融入和美的感受力高出太多人。

（2）春天，我去公园玩，看见花儿张开笑脸了，有红的、黄的、白

123

的。婆婆带我去河边看金鱼，河边的柳树比去年长高了。

感受：很有画面感！两句话让我撞见了整个春天。思维的紧凑感是一个人性格的体现。尤其让我意外的是"河边——金鱼——柳树"，思维严谨，合乎情理。

（3）我的老师很好看，很爱笑。我喜欢老师的笑脸，每次老师笑着看我的时候我都觉得很开心。（心里好像柳树在发芽）

感受：短短的两句话让我备受鼓舞，我告诉自己一定要做一个始终保持微笑的老师。我发现他少了一个词语，找他来告诉他后，他加了一句："心里好像柳树在发芽。"我读给办公室老师听，老师们都很惊叹"儿童是天生的诗人"。

一学期快结束时，我们的最后一篇写话提供的词语是"窗户、石拱桥、织女星"。较开学之初，虽然仅仅半年时间，但是学生的写话水平已经不可同日而语了。

（1）每天晚上，我都喜欢坐在窗户前看星星，看月亮，看小区前面的石拱桥，还喜欢背古诗。今天，我学了一首新诗，题目叫《秋夕》。我最喜欢的是后面两句"天阶夜色凉如水，坐看牵牛织女星"。可惜，我还不太认识这两颗星呢。

感受：很明显，长度增加了，想象力飞升了。首先是想象的时间拉长了，从每天晚上到聚焦今天晚上，再从夜晚到白天。其次是想象的空间有了转换，变得开阔了。由家到学校课堂，再到家里。语言组织能力强，这样的时间和空间转换表述得很清楚。语言是思维的外壳，思维始终在场。思维的严谨让他把"窗户"和"石拱桥"两个词非常简洁合理地安排在了一个画面里，而"织女星"的介入则又与学习生活相联系，用一首诗歌，把一个诗意美好的自己展现了出来。不可谓不巧妙。

（2）今天，我们坐车到乡下婆婆家。吃完午饭，婆婆带我走过门前石拱桥到菜园里去。婆婆在忙，我在玩。晚上，我透过窗户往外看，天上的星星可真多啊！爸爸叫我认识了北斗七星，还有牵牛织女星等等。现在在城市，我已经很久没有看到这么多的星星了。

感受：我在学生的表达中闻到了生活的浓郁气息。这是我最为看重的语文学习能力。我在学生的本子上留下了一行评语："是的呢，城市的夜空，星星已经陌生了。"这个写话里生活的温馨让人迷醉。

（3）我读过一首诗《天上的街市》。妈妈跟我说诗中的牛郎织女是每年七夕节就会化成人形在鹊桥相会。我好奇地问妈妈："他们为什么不在石拱桥相会呢？多浪漫啊！"妈妈一听哈哈大笑，旁边的爸爸也笑了起来。然后妈妈给我讲了牛郎织女的故事。听完故事，我觉得他们太可怜了！跑到窗户边想看看他们，可是他们离地球太远了，我只能看到很小的两颗小星星。浩瀚的宇宙真是太大了！

感受：一个儿童的天真可爱跃然纸上，一个儿童的想象与思维简直无与伦比。成人的世界总是太多斧凿的痕迹，而他们浑然天成。

虽然我只展现了半年时间里第一次和最后一次的写话练习，但是其中端倪已显。

首先是用儿童的眼睛看世界。把儿童当作儿童，这是常识。可是往往最难做到的恰恰就是常识。在这样的写话练习中，遵循儿童观是第一要素。用三个没有关系的词语，发挥想象写一段话。这样的练习中教师要对"三个没有关系的词语"有一个基于儿童观的认知。有时有些词作为成人，一眼就能让其发生联系，可是儿童囿于知识储备和生活经历，他们是发现不了的。因此，我们给定的词语之间关系不能过于分离，不能冷僻、怪异，要循着常规思维，让学生跳一跳能摘到果子。三个这样的词之中需要有一个能承接的词语。比如"窗户、石拱桥、织女星"这组词语，窗户就是一个承接词。打开窗户可以看见石拱桥，可以仰望星空看到织女星，这样就能给能力弱一点的学生保个底，而如果学生的想象与思维能力都很强，这样的组合可以让他们自由驰骋。

其次是让想象飞一会再抵达。三个看上去不是儿童依靠直觉思维就能一眼发现联系的词语推动着他必须开动脑筋，调动生活，调动阅读积累，也就是说想象不是一下就能抵达，需要一个寻找、发现的过程。正是这样一个过程让想象暂时无处着落，它需要在儿童的小世界里飞天入地，探头探脑去建构画面，然后调动语言合理表达。这个过程是头脑风暴的过程，是想象、思维、生活与积累原子爆炸般的碰撞与重组过程，是儿童的核心素养听得见成长的过程。

最后是思维与语言的把手游。找到联系，想到画面，怎么有序表达出来对于一年级儿童来说其实也是一个很大的问题。有序就是有条理，有条理就是思维清晰，就是思维的一次突破与发展。想清楚了顺序，就要开始考虑用什么语言来表达。虽然是一次小小的写话，但是不要小看儿童经历的这个复杂过程。有人说："思维是语言的内核，语言是思维的外壳。"要想把一段话表达清楚，表达生动，思维与语言缺一不可。

2. 微习作，沉浸生活，一作一事

微习作，我一般是从三年级开始实施，是中年段习作表达的常态。值得一提的是这一形式我会坚持到学生小学生活结束，与高年段的私人文集交融并通。我每天让学生用这一方式记录生活，一天只写一件事，有话则长，无话则短。这一想法开始萌发是因为看到新接的班级里学生习作写事空泛，条理不清晰。刚开始实施这一课程时，耗了快半年时间但是效果甚微。

就我个人多年教学经验而言，这种作文的状态还比较普遍。就目前小学生作文实际状况而言，他们中的大部分人叙事能力一般。主要表现为两种样态：一是叙事流水账，事情叙述空泛，习作只是一件件事情概貌的堆积，缺少重点；二是只见树木，不见森林，一件事情须有起因、经过和结果，这是常识，但是习作中我们会发现很多学生急于想表达他理解的习作规定的所谓重点，在整个叙事过程中只纠结于某一个细节，而忽略了将细节置于语境中，置于事情中才有意义，从而导致事情叙述不清楚。描写整件事情的最初出发点不清楚，就会出现写作中重点渐渐偏离的问题，尤其是细节描写很多时候也因为太想细致而出现不真实甚至扭曲现象。

新课标关于"表达与交流"第二学段明确提出："观察周围世界，能不拘形式写下自己的见闻、感受和想象，注意把自己觉得新奇有趣或印象最深、最受感动的内容写清楚。"倡导自由习作，倡导表达要有重点，倡导写清楚。第三学段相关要求："养成留心观察周围事物的习惯，有意识地丰富自己的见闻，珍视个人的独特感受，积累习作素材。""能写简单的纪实作文和想象作文，内容具体，感情真实，能根据内容表达的需要，分段表述。"纵向看两个学段的要求，进阶非常明显。第三学段开始鼓励积累素材，关注独特感受，开始有了明确的文体要求，有了段落要求。两个学段的"表达与交流"要求共同呈现了小学生习作围绕叙事与想象需要一步步达到的要求。

现实状况与新课标之间的落差促使我去做进一步的思考、研究与实践。

鉴于以上认知与分析，我开辟了"微习作"专项练习。要求看上去很简单：每天一写，每次只写一件生活小事情，没有字数要求。

当专项练习真的开始后，每天的批阅成了最大的问题。本来半小时能改完的作业现在需要两节课，甚至三节课。这对于教师是一个很大的考验。如果每天只是简单地打个红勾勾，我觉得还不如不写。"多读多写"的"写"一定是基于主动，基于态度恭谨的。被动消极地完成任务不但让学生越来越"畏作如虎"，更重要的是它会消磨掉学生对习作所有的兴趣和可能的进步。因此，我告诉自己每天再忙也要让出时间，好好地评改学生的微习作，雅思贝尔说："教育的本质是一棵树摇动另一棵树，一朵云推动另一朵云，一个灵魂召唤另一个灵魂。"我相信我的重视、我的期待会影响着学生。此外，在学生微习作的练习中，还不仅仅是个人时间的被占用，还有一开始的引导和坚持。记得这一届学生开始撰写的微写作每天对我都是双重考验。因为内容空泛，拼凑的痕迹太重，语言粗糙。说他们在无病呻吟一点不夸张，偶见稍微像点样子的就已经让我很感谢了，好在没有彻底费了我的眼神。语文课有机会我就读读那些"矮子里的将军"篇，自己也会写，拿到班级读。榜样的力量是无穷的，范例的给予是必要的，鼓励的机制是必须的。于是，我总想"坚持一下，再坚持一下"！慢慢地，不经意间，发现每天我有点期待坐下来读读他们的微写作了。他们的记录里开始有了烟火，有了自我，有了眼界；有了观察，有了描写；有了交流，有了情趣。每天读，我感觉似乎和孩子们一起经历着那些开心或不开心的事，见到喜欢和不喜欢的人，关心着自己之外的世界。

短短半年时间，学生的微习作已经蔚然可观了。我想，好的作品其实就是生活，比如《红楼梦》《追忆似水年华》《源氏物语》等，哪一部都是经典中的经典，可是他们描写的都是生活，都是生活中那些无数细节感动着我们。再想想汪曾祺先生的作品，想想冯骥才的，丰子恺的，等等。我们总害怕孩子的习作立意不高，于是我们把孩子赶进了"宏大"的怪圈，逼进了谈"作"色变的胡同。我教习作，就想让习作离孩子们的生活近一点，再近一点。新课标中的要求并不高，可是想想我们对孩子习作的要求，谁能说我们没有拔高过要求。仅就"分段表述"这一要求，第三学段才提出，可是我们常常恨不得三年级学生就已经具备这个能力了。于是，我想让孩子回到童年，回到生活，写清楚自己感兴趣的人、事、物，并试图在这样的过程中让他们成为内心丰盈的人。

每天读着他们的微习作，我也过上了更丰富的教育生活。教育，其实应该是这个样子的，师生其乐融融，你写你想写的，我感受了你传递的温暖，于是我们相看两欢喜，更爱我们生活的世界，一草一木，一人一事都觉得情趣盎然，于是我们在这样的教育生活中快乐学习实践，身心愉悦，于是实践育人，综合育人水到渠成。人是目的，儿童是目的，教育的终极目标就是人，以人为本。人首先得是单纯爱着人，爱着生活的，也就是说人首先要成为真人，儿童要真的是儿童的样子，天真烂漫，纯洁多情，然后一切才有可能。陶行知先生说："千教万教教人求真，千学万学学做真人。"依托学科，学科育人，我们拿什么来教学生成为真人？踏踏实实回到生活，尊重儿童的生活是重要的途径之一，因此我用微习作的形式让学生尝试发现自己，鉴赏生活之美。

为了能够纵向感受每个学生在微习作中的收获、做好评价，我萌生了建立成长袋的念头。2022《义务教育语文课程标准》的"评价建议"提出应关注"过程性评价"。无论"过程性评价"有多少种形式，但是成长袋无疑是有效方式的一种。只有它能清晰展现一个孩子成长的轨迹，而展示、分享等项目活动阶段的结果性评价只能说是相对意义上的过程性评价，鉴于此，我崇尚成长袋这种方式。想到就去做！

囿于篇幅，在此我只辑录成长袋一二，让我们共同来感受儿童眼中的世界。

【韩予同的微习作成长袋】节选：

20220307

今天美术课学了《编编织织》这课。老师教了我们最简单的交叉编织方法。同学们真是八仙过海，各显神通。你瞧，他们有的把彩条的一头贴到一起，然后再进行编织，结束时再贴到一起；有的在编织完，怕不牢固，又贴上了几层胶；还有的把彩条剪成一段一段再拼起来。有人可能会问："你用的什么方法呀？"至于我嘛，我心灵手巧，不仅自己编出了一个12×11的作品，还帮别人做了呢。真希望每天有这样的课。

20220317

我们体育单老师和我们班于文泽高度差不多。他喜欢逗于文泽，我来盘点一下：

昨天上体育课前，单老师来的时候故意撞了于文泽一下。于文泽想，你撞我，我也撞你。然后他两人撞来撞去。"叮铃铃"上课了，单老师安排班级排队去了，不然要撞到猴年马月了。

上周四的时候，单老师不让于文泽课上讲话，用力捏一捏他的脸，于文泽叫起来："杀猪了！""你也知道自己是'猪'啊！"单老师笑着打趣说。

真想不到单老师在这里挖坑了！哈哈哈！全班哄堂大笑。我是真为于文泽的智商捉急噢！

20220417

早上吃早饭时，妈妈端上了一盘鱼，嘴里发出了"哇—哇"的声音，看来鱼很热。爸爸拿了三个鸡蛋，不停地在手里滚来滚去，嘴里发出"夫—夫—夫"的声音，看来鸡蛋也很热。我拿了一个鸡蛋，为了不被烫，我用筷子不停地打它，发出了"啪—啪—啪"的声音。看来早饭也是一场音乐会。

这一分享我的节选频率每隔十天一篇。窥斑见豹，相信微写作里生命的蒸腾你已经感受到；相信微记录里文字的细腻，心灵的纤细你也已经感受到。过程性评价要落实，要真能起到评价以激励，哪里是只有评价，更有细心与爱。

【曹宇辰的微写作成长袋】节选：

20220426

今天我准备开始喂我的小金鱼了。我先拿了一袋鱼食，捏了一小撮轻轻地投在小鱼们张开的嘴巴边上。虽然它们的嘴巴一张一合的，但是我看到鱼食还是纹丝不动。于是我凑近了点看，原来它们只是在呼吸而已。有时我明明看到小白吃到了鱼食，可百思不得其解的是它又把鱼食吐了出来。这是为什么呢？是不是小鱼不饿，或者是不是小鱼对这个鱼食不太感兴趣？一连串的问题出现在我的脑海中。大概它们会吃的吧，我对结果充满期待。

20220427

今天回家发生了一件特别悲惨的事情。我来到鱼缸旁看我的朋友，结果来了，大黄死了。我非常心痛，眼泪都快流出来了。还有两条还活着，我开始思考问题发生的原因。大黄的肚子胀鼓鼓的，而且鱼缸里的水有些浑浊，应该是大黄吃得太撑了或是水质不好导致它死掉的。想清楚原因后，我开始适量喂养金鱼，给鱼缸也换上了干净的水。我希望剩下的小白和小黑能好好地生活下去。

这是曹宇辰同学连续两天的微习作。一个四年级的小男孩养了三条小金鱼，一件再普通不过的家常事。可是就这件事让他有了自觉地、主动地观察，有了思考，有了怜爱，更有了行动与期待。小沙同学的妈妈跟我说："贾老师，已经坚持了一个月的微习作，小沙现在不写不快了！"我们谈高阶思维，我们总说要让学生在真实情境中解决真实问题，其实这微小的生活片段记录里似乎都有了。我想，如果没有这样一个及时记录的要求，待很久后事不待我，时不待我，这些事或被遗忘，或没那么心痛了，或被新的喜好替代了，总之散在风中杳无踪迹了。可散去的又哪里只是这件事，还有那些回忆，那些经历，那些曾经的童年"伙伴"和那些心动。有人说，人靠记忆活着。

微习作，为写作，为生活，为回忆，其实我最想的是孩子每天能有这样一个时间去关照，去亲近自己的内心，倾听自己的内心，保持对生活的热爱，对这个世界的温情。内心不荒芜，才能始终做一个有温度的人。

康德说："人是目的本身。"是的，人，才是微习作实践与评价的终极目的。

3. 私人文集，集中写作，集中评析

私人文集，顾名思义，就是围绕一个主题个人进行写作而形成的集子。这种习作方式我一般会放在四年级至六年级开展。这种私人文集里的习作命题形式多样，习作表现形式也是多样的。时间上跟着主题的规划有长有短，讲评形式不拘。短期集中的主题表达一般会采用文集完成后集中性讲评，中途会有少量佳作展示。展示的目的是激发、再点燃继续写作的热情。长期需要一个月或者一学期的时间来完成的，一般会很及时，一作一评。

做私人文集的想法始于我刚毕业那年。无意中我知道了母亲节这个节日，并知道广州于1988年开始有了这个节日。于是我提前半个月为这个文集做好了规划。正式开始是在母亲节到来的前九天，对象是四年级学生，但是我只要求文集内是一个个写话，内含一个个专题训练点。九天的安排可以保证在节日当天把它作为礼物献给自己的母亲。有时生活

131

需要仪式感，才能让学生感受到生活的珍贵与意义。犹记得，当时这本文集策划一出，家长们的反应很热烈，积极支持配合。那个年代的语文教学正是白热化的双基阶段，学生的学习枯燥乏味，这样具有新鲜感的创意作业还真是不多见。一连九天教室里只要一下课就开启关于母亲那些美好的回忆，他们互相启发，互相羡慕，一起感动。他们忙着回忆，忙着记录，忙着描写。

母亲节后来上学，我给了一节课时间让学生尽情交流当天妈妈们收到自己感恩文集的反应。还有好几位同学的妈妈在收到文集后写了信给孩子带给我。有一位家长在信中说："贾老师，经过这密集型的十篇作文训练，我发现一件高兴的事，我儿子写作文没那么困难了！"展读那些信件，带给我最大的动力就是每接一届新的学生我都要坚持做一本这样的文集。提高习作水平是显性目标，培养孩子有一颗感恩的心，懂得感恩父母，感恩对自己有帮助的人才是终极目标。"立德树人是语文教学的根本任务。"这不是口号，不是标签，是培养一个完人的基础和前提。

在这样的氛围和实效鼓舞下，那年暑假我又做了第二本文集《夏木葱郁，夏阳正烈》。（见图3-6）

三、写话训练

夏木葱郁　夏阳正烈

——夏日写话主题训练

策划说明：

令人兴奋的暑假六十天来了，心飞扬了起来，和这热烈的夏日交相辉映。莫让文字负韶光。在这么美好的时光里，听说每年暑假后都会诞生一批新的写作小能人。孩子们，那么让我们也不负暑假时光，读万卷书，行万里路，写千言文吧！

完成时间： 7.1—8.10

活动内容：

一、畅想假日　心动行动（计划）

二、大大世界　小小的我（旅行）

三、温故知新　不见不散（学习）

四、我的阅读　我的感想（读书）

五、烈日炎炎　挥汗如雨（季节）

六、家里WIFI　空调西瓜（独立）

七、我的身体　我的健身（锻炼）

图3-6　《夏木葱郁，夏阳正烈》文集策划方案

后来我还做过很多文集，也拓宽了私人文集的内涵，扩展到班级文集。数十年如一日地坚持鼓励、引导学生撰写私人文集，我觉得每一本都是慢养语文这一课程最值得骄傲的作品。列举部分。（见表3-3）

表3-3　私人文集表格

序号	文集名称	执行时间	概貌
1	献给妈妈的歌	一周半左右	回忆感受妈妈的养育之恩，计九或十篇
2	人间天使——献给我人生的第一个十年	一周半左右	十岁十篇，命题、半命题与自由习作结合
3	人间四月芳菲	四周	描写春天、春景、春事，计六至八篇
4	游戏童年	十六周	两周一次。游戏来源学生中流行的，体育课上的，语文教师组织的
5	夏木葱郁，夏阳正烈	一周	记录自己印象深刻的暑假生活
6	以目观，以心察	跟着植物生长周期	从种植到发芽、生长周期，不少于六篇观察日记
7	百步坡四（5）班的故事	十八周	一人一天一篇，接力写作
8	行者无疆——暑假游记	一周	没有旅游，请在市内安排，不少于六篇，可不连续
9	桃叶红、银杏黄——秋天随笔	十二周	描写不少于八处秋景，每一处秋景独立成篇
10	我总在变的理想	五至六周	根据班级人数，一人一天一篇
11	实验：我学着分析世界	八周	一周一个小实验
12	记住，因为难忘	一周	记录珍贵的友情

文集，在不同学段都可以做，只是要求要符合新课标。完成一本文集的撰写其实需要多门学科的参与。比如，《游戏童年》是语文、体育、美术与音乐的融合。《行者无疆》是语文、地理、历史、美术与音乐的融合。文集的撰写让跨学科学习在基于表达的基础上悄无声息地发生着、完成着。做一本文集同时也意味着需要多写，甚至连续性写作。这样多写的作用首先是锻造了孩子选材，有效组织材料，布局谋篇的能力，其次是锻造了孩子的语言表达能力，再次是帮助孩子积累了一大批

写作的素材，必要时多写的作文像材料库一样可供选择。最后，多写才可以产生顿悟，这是所有意义中最有意义的一种收获。

三、样态：慢养语文课程师本建构的实践样例

（一）名家散文阅读实践样例

我喜欢
张晓风

【作家介绍】

张晓风，1941 年生于浙江金华，曾任中国台湾阳明医学院教授。她喜爱创作小说、散文及戏剧。余光中也曾称其文字"柔婉中带刚劲"，将之列为"第三代散文家中的名家"。

【课堂实录】

1. 闲闲聊，在感觉中共鸣

师：今天我们分享的散文是——

生：（齐读）《我喜欢》。

师：都读了吧？怎么样？觉得怎么样？用一句非常感性的话来表达。

生：我觉得作者特别的随性，因为她想写什么就写什么！

师：感受到一种自由自在！

生：从文章开头读到结尾，温馨的感觉就像一只蜗牛，从我的内心深处慢慢地一直爬到心尖尖上，然后趴在那儿不走了！

师：哦，原来感觉还可以这么柔软，这么温馨。

生：我觉得作者写作的时候像一条小鱼儿，一条快乐的小鱼儿，它碰到朋友、五彩缤纷的卵石和漂亮的小草，都会把它写下来。

师：是一只快乐的小鱼儿，这种感觉很奇妙。

生：我觉得我读完这篇文章后感觉心情非常愉快！

师：心情好就好，没有什么比快乐更重要！

生：作者写这篇文章时是很开心地写的，很随意，想写什么就写什么。

师：看来，大家从文字中都能感受到一种自由，一种随性。

生：我觉得作者是一个非常幸福的人。因为她说："满山的芦苇在秋风中凄然地白着。"她也喜欢。一般大家看到这种景象都会有点伤感，然而她却非常喜欢，所以我觉得她一定很幸福！

师：很敏锐的感觉！每个人读完都会有自己不同的感受，正是带着自己不同的感受，我们有两位同学为大家制作了两张 PPT。这一张是陈卓逊同学的，仔细欣赏，带着你的想象。（稍停）这一张是居津竹同学的。（稍停）两幅画面色彩完全不一样，但是我们似乎从中能够看到一些相通的东西。（好多学生举手）他们有这么多的知音！

生：我认为这两幅画面显得都很悠闲。第一幅是在桌子旁，第二幅是在窄窄的山径上漫步。

师：看到了一种悠闲。

生：我感受到一种很愉快的心情，因为图片上树的姿态似乎是弯下头来与人交头接耳，而第一幅画面，让我想到了文中作者写喜欢读弟弟妹妹的来信，读着信，感觉心情很愉快。

师：她读到了一种心情，一种悠闲而愉快的心情。

生：我就觉得第一幅画面色彩淡淡的，感觉很清新；而第二幅画面上有一条蜿蜒的小道，路旁还有绿色的树木和紫色的薰衣草，走在小道上感觉会很舒适。

师：我相信你们看图和读文一样都有各自不同的感受。是的，这两幅画面都让我们感受到一种悠闲，一份清新。我想大概是因为这扇窗，这张桌子和这条小径，它让我们感受到在这悠长的空间里原来生命可以这样从容，可以这样悠闲，可以这样快乐。那么这样一篇文章，这样一幅画面，如果让你来配乐，你会配什么样的音乐呢？

生：我觉得可以配一首日本的民歌，《樱花》应该不错，dadada

dadada dada da da dada。（全场笑）

师：听着音乐，想象着文字的感觉，你觉得怎么样？

生：我觉得很配，感觉有种很柔和的东西。其实那个原版比我哼的好听多了。（笑声）

师：（问别的学生）你觉得呢？

生：我觉得这篇文章应该配比较舒缓的音乐，因为这两张 PPT 的颜色虽然很多，但让人觉得很舒服、很舒心。

师：她说应该是舒缓的，像小溪的流水，潺潺的音乐。你说呢？

生：要是我来配乐，我会配上有清新的感觉的音乐，因为图与文都传达给我这种感受。

师：嗯，我很开心，因为我们的感觉是如此的接近，这样我选择的配乐应该会受大家喜欢的。待会儿听听看，看合不合你们的感觉。

2. 细细品，在文字中体验

师：文章很长，不可能读完，我们就选 1—6 段来读一读。谁是今天的邀请者？（稍停）季桓莹。

生：我邀请：冯婧宜、于潃淞和刘耀文。（音乐响起，学生按照被邀请的先后顺序一个接着一个有序朗读，没有事先约定，也没有按照自然段，只是非常自然的前一个同学一停，后一个同学即跟上。配合默契自然。）

师：配合得相当好，让我非常骄傲！我觉得这样的朗读一定会帮助大家找寻到这篇散文的感觉，我相信大家在读这篇文章的时候都会有自己不同的感受、看法和理解。那么，我希望今天的分享能够听到你们不同角度的感受，听到你们自由的声音。今天应该从 24 号同学开始！

生：我想交流的是这样一句话：至今那还只是一句诗，一种美而孤立的意境。我觉得一句和一段，在长度上差了很多，但意思相通。如果是我，我一定会喜欢这仅仅一句的诗歌"雾树芦花连江白"，读着它我就会想象到夕阳西下，一只孤雁飞过天空，留下一片寂静和安宁。美就是这样的，它不是多而杂，而是少而精。句与段在表现方面的好处，但是仅仅一句，就美在精，美在少，美在孤立。还有谁来分享？

生：我很赞成作者的想法。这种美而孤立的意境作者仅仅用了一句诗，如果再加一句，就没了这种美而孤立的意境，因为很多感觉被固定了，如果不接，反而能给人一种随意想象的空间。另外，我还找了一段文字与它对比："青衣素影满天飞，淡淡流霞漫相随。玉簪寒枝谁解梦，霜天秋晚不思归。"这首诗也显得孤独而凄凉，但是表达含蓄，景物不单纯，反而孤独不够。而张晓风的就显得很孤独。同时，我还觉得作者写这样一份孤独可以传递出她喜欢的生活的面很广，我看了觉得凄凉，我并不是很喜欢，但是作者却如此喜欢，并写得很有感觉。

师：噢，我很喜欢你，因为你虽然并不喜欢这样的孤独感，但是因为作者喜欢，所以你同样去尊重她。其实，她刚才在讲的时候，我心里一直赞叹。说实在话，我在读这一段的时候，当读到"雾树芦花连江白"的时候，我没有体会到你能产生这么细腻的感觉，我甚至自负的想过我能把它连成一首诗。但是沈佳玉这么一说，我忽然醒悟，恰到好处是一种最好的美，如果这句诗后面再追一句，便无味了。

生：我分享的是这一段的第一句话中的"凄然地白着"。白是一个形容词，按常理讲，这儿应写动词，可张晓风却填了形容词，意思是秋风吹白了满山的芦苇，让我联想到了王安石的"春风又绿江南岸"的"绿"字，他也斟酌了很久，张晓风是不是也想了很长时间呢？

师：是呀，机缘巧合，说不定哪一天你可以问问作者呢。你看他由"凄然地白着"联想，同自己读书积累的那些美丽的东西联系起来——"春风又绿江南岸"，他居然能够读出两处都是形容词都作为动词去使用。非常了不起的施天笑！

生：我想提一个问题：前面的文字作者写得都很欢快，为什么到这一段作者要写得这么凄凉呢？

师：那你的意思是这一段，要按你的意思，你写不写上去呢？

生：不写！

师：你们认为该写上去还是不该写上去？要有理由噢。

生：我认为该写上去。这样才能与前几段形成对比，而且我觉得这儿所描写的也是一种美。因为它是白色的，白色没有一点杂质，显得特别纯洁。

师：噢，这也是一种美！

生：是的，毫无疑问。

生：我也认为应该写上去。因为前面写得都是大自然中的美，而这个美相较于前面显得很凄凉。

师：前面的美很美丽，这儿的美因为凄凉所以不美丽？

生：不是！这个地方的美丽和前面的美是不一样的。

师：你是说，因为是不一样的美丽，而生活中应该有各种各样的美丽。

生：对！

生：我觉得这一段肯定是要放上去的。因为题目是"我喜欢"。作者她就是喜欢，就是喜欢芦苇，你没法阻拦她！

师：嗯，我喜欢就是我喜欢，我喜欢什么都可以。

生：我觉得这一段呢，也是不能不写的。如果缺少的话，就像王蕴泽讲的，我就喜欢凄凉的，可能作者比较喜欢这种别样的美吧。

师：缺了这一段，生活是不是就会少了一种——

生：情感。

师：一种情感，一种味道，一种美。有没有人认为不应该写上去的？

生：我认为不该写。不错，作者是很喜欢，可是我觉得在前面清一色的优雅的环境中，突然来一段这么凄凉的，就会给人一种泼冷水的感觉。

师：当头泼了一盆冷水，是不是很扫兴？（很多学生举手）你们是同意写上去还是不同意的？

生：（齐）同意。

师：同意什么？

生：（七嘴八舌）同意写上去，不同意沈佳钰的看法。

师：认为不该写的再举手。（学生刷地放下手，还有零星举手的。）

生：我觉得不该写上去。比如有人问凌宇涵，你喜欢什么？他说我喜欢看书，我喜欢学习，后面你忽然说一句我喜欢打架骂人，这么特别的转折，可能有人会转不过弯来。（笑声）

师：好了，孩子们，对你们的回答我已经很满足了！平时，我说得最多的一句话就是我们语文是没有唯一——

生：（齐）答案的。

师：只要你能自圆其说，应该写可以，就像我喜欢活着，所以我喜欢生活的各种样子。不应该写也可以啊，我的心情很好，为什么我要写那么悲凉的景色呢！一千个读者就有一千个哈姆雷特。所以我喜欢，喜欢你们思维的碰撞，你们的争论，但是我不明白你为什么一直在举手？（有一生一直举手，坚持不放下去。）

生：因为我觉得我是一半同意写，一半不同意写的。

师：嗯，墙头草？（生笑）

生：因为我觉得这一段她应该写在她喜欢看书的后面。因为看书这一段是比较独立的，看书时有点安静，也有点美感。然后，那个"凄然的白着"就可以往后延续一点点，也可以将读书的安静延续下去。

师：因为读书带来一些多愁善感，也许可能会有这样一种"凄然的白着"的感觉产生，这样就自然了，是吗？

生：是的。

师：（很多学生举手）好。这个问题，我们不再纠结了。刚才是24号，现在是25号开始分享。

生：我要分享这一句"我还喜欢看书……唯有书中的智慧永远长存"。其中"泛黄""线装书""优美"等词让我从中读出一种古典的，古色古香的味道，能给人带来很多回味。上文提到的信纸也是泛黄的，与这一段也有一种呼应感，是我喜欢的感觉。另外，我想提一个问

139

题：为什么作者喜欢看古代书，而不喜欢看现代的书呢？

师：你刚才自己不是回答了这个问题吗？你从中读出了古色古香的味道呀，大约她很喜欢这样的感觉。

生：但是现代书中也有这样一些半文半白的味道啊。

师：那毕竟不纯粹了。不过你是想建议应该古今都读吗？（生点头）这个建议很好！

生：我也想回答她的问题，现代书有现代书的东西，就像现在的电脑方面知识都是从现代书中得到的。而古代书总会让人感觉像是穿越到古代。

师：你想告诉她古今书籍各有千秋，是吗？

生：嗯，另外我今天想分享一个我生活中的经历，我至今还记得我的老师有一本《茶经》。它很小，放在茶具旁边。我一时好奇，拿起它，虽然那个时候我还不认识很多字，但是恍惚间，我似乎感受到了"中国"两个字的意义。它不是高科技的冰冷，而是古色古香的传承和传统。

师：同学们，你觉得她是在读文章还是在读自己的批注？（生七嘴八舌：文章、批注。）感觉和文章惊人的相似，但是这是文章内容吗？

生：（齐）不是。

师：对，这是她的批注，非常好！喜欢这一段的同学是不是特别多？

生：（齐）是。

师：OK，那我来请几个人，既然你的感受不一样，我希望你们读的时候也能读出不一样的感受。张晨曦、钱程、胡晋宇、王舒、王蕴泽，就按站起来的顺序读。（学生一个个读这一段，读得都很好，语调处理各不相同。）

生：（是刚刚读书的一个学生）我还特别想读一段我喜欢的文字，是我从文言版《三国演义》中发现的。（师做了一个请的姿势）"滚滚长江东逝水，浪花淘尽英雄。是非成败转头空。青山依旧在，几度夕阳红。白发渔樵江渚上，惯看秋月春风。一壶浊酒喜相逢。古今多少事，都付笑谈中。"（生将"樵"读成"焦"）

师：中间有一句应该读"白发渔樵江渚上"。但是我不明白你为什么读这一阕词，它和你刚读的这一段文字有什么关系呢？

生：因为我个人觉得，作者和我非常有缘，她和我一样都喜欢读泛黄的线装书。

师：噢，是因为由泛黄的线装书让你想起来你读的那本书和这一阕你喜欢的词？（生点头）你读的这阕词我也很喜欢。如果没记错，它应该是杨慎的作品。（生点头）下面该多少号分享了？（26号）注意了，我们之前都是关于文章句段内容的分享，后面的要注意角度的转换。

生：我想分享一下我对文章题目感受：这个题目很新颖，给我带来强烈的视觉冲击，但我觉得在后面加上省略号会更好一些，因为这样可以显示出作者喜欢的事物还有很多，有对这个世界充满无限欣喜的感觉。

师：这个建议很好！因为我喜欢你说的理由，很充分，很细腻，很可爱！

生：这篇课文一共16个自然段，每一段前面都有"我喜欢"，有一气呵成的感觉，而且首尾呼应，第一段和第十六段说的都是我喜欢活着，这篇文章告诉我们：生活的美无处不在，只要仔细地认真地观察，你就会发现大自然给我们的美。

生："我喜欢"，这个题目看上去就非常梦幻，似乎很随意，但给人的感觉是温柔的粉红色。喜欢是一种奇特的感受，你身边的小事物，好像也会因你的喜欢而重要了很多。

师：由"随意"这个词，让我很想请人谈一谈你对散文的理解。有没有人来说一说？（很多人举手）我都不知道该请谁了，想说的自己站起来说。

生：我觉得散文就是无拘无束的，作者想到什么就写什么，就是思想很自由。

141

师：思想很自由，就是信马由缰，从中国到外国，从古至今，是不是就这样就可以啦？

生：不是。

师：那是什么？

生：我觉得这篇散文它的段与段之间看似没有任何联系，她一会儿说夏日的小径，一会儿说黄昏，这些看上去都没有什么关系，但是其实说的还都是作者想表达的想法。

师：什么想法？

生：就是她喜欢的东西。

生：虽然这篇文章每一段都在写不同的东西，但每段都是围绕"我喜欢"写的，笔下都是我对生命的热爱，对生命的喜欢和对生命的珍惜。

师：听到了吗？听懂了吗？

生：这篇文章作者利用我喜欢来谈我喜欢的生活，而不是在说"我的生活非常美好，我很喜欢我的生活啊！"张晓风用"我喜欢"慢慢谈，让人觉得生活很美。

师：她喜欢哪些东西？

生：四季、山、花、书信、读书，等等。

师：有些东西是你注意过的吗？

生：是的。

师：比如说呢？

生：比如说：梦。

师：那另外一些你有没有注意到呢？

生：有啊。

师：都是她感受到的，她和张晓风一样非常非常敏感。你注意到了吗，张晓风写得这些东西都是生活中的一些——

生：感受，另外我感觉到她写得都很直白，不像有些文章总在绕来绕去，绕得人看不懂。

师：都是她对生活的一些感受，所以虽然无拘无束，信马由缰，但都是围绕——

生："我喜欢"。

师：对，都是围绕"我喜欢活着"来写得。你看她说喜欢冬日的阳光，喜欢看书，读信，等等，有没有一定的先后顺序？

生：没有。

师：刚才有同学说她虽然写这样写那样，但没有一定的顺序。你同意吗？

生：同意。

师：是的，没有一定的顺序，就这么写着写着，所以呢，我们把这样没有一定写作顺序的文章结构称作并列式。之前，我们也读过一篇并列式结构的散文，记得吗？

生：余光中的《假如我有九条命》。

师：对的。那九条命他愿意给谁就给谁，没有一定的先后顺序，这种结构就叫并列式。虽然散，但都是围绕"我喜欢"来写的。好，下面该是 27 号了吧。

生：我想谈谈我对整篇文章的一个理解。这篇文章利用了首尾呼应的写法，凸显出作者的"我喜欢活着"，爱着这世间的每一物，所以我相信作者在生活中也应该是一个温暖的、幸福感很低的人。这些都是从她笔尖之下流露的一丝丝细节感受到的。整篇文章写得非常精炼，让人一读就觉得有思考的价值，想回过头来再读一遍！

师：什么叫幸福点很低的人？

生：就是看什么都觉得很幸福，很容易感受到幸福的人。

师：看到什么都觉得很幸福，你们认为呢？

生：我觉得是的。欢喜的，凄凉的，怀旧的，她都喜欢。

生：这篇文章看似杂乱，没有约束，想写什么写什么，其实呀，它的结构是不乱的，第 1 至 16 段写"我喜欢活着"，第 2 至 6 段写四季中

143

她喜欢的，第 7 至 8 段写梦，第 9 至 11 段写花，第 12 至 14 段写读书和信件，第 15 段写拜访朋友，而且这篇文章的中心是"我喜欢活着"，只有活着才能喜欢这一切，拥有这一切，所以我认为文章都是围绕"我喜欢活着"来写的。

师：虽然信马由缰，但是心里还是有一个——

生：整体的。

师：主题的，这样说比较好！下面是 28 号。

生：我给大家分享的是第七段："我也喜欢梦……"我感觉仿佛也走进了那个仙境中，仿佛也成了一个非常漂亮的小天使。飞呀飞呀，看到了很多美丽的东西。

师：你知道吗？你就是那个可爱的小萝莉，小天使！

生：我真的希望快点长大，长大后就不用写作业了。可以搬个椅子，坐在阳台上，拿着我喜欢的书，边读边欣赏美丽的黄昏。

师：多美的画面，其实你那个书比作业有价值多了，现在你就可以去读呀！

生：梦是一种美丽的经历。飞驰的骏马，杂花处处，令我满心欢喜。我想即使是在现实生活中不令人喜欢的东西，在梦里也会成为一个很美丽的意境吧。

师：呵呵，所以我们都喜欢做梦。好了，还有最后一个机会。（学生拼命举手）它不是继续对上一个话题的讨论，而是应该到 30 号同学的分享了。（课堂一片惋惜声）

生：我还想说一下书。如果我是作者，这个时候的心情一定是愉快而幸福的。每当工作辛苦时，拿出一本书看一看，即使是连夜加班，你的心情也不会有任何压抑。如果太累了，低头趴在书上，墨香伴着你入睡，梦怎么会不美好呢？

师：她还是想说书，念念不忘。我愿书籍的馨香永伴你左右。有书了，好像还有信啊，有没有想说说信的感觉的？

生：这是我即兴的。她读了这么多弟弟妹妹的信，可能……会有一些情绪影响着她。他们可能会将有些伤心的事，有些忧伤的问题告诉她，但她读信后并不说出，不管读什么样的信。因为有牵挂，有被人需要，所以都会觉得很幸福。

师：是的，无论如何有人写信总是一件很幸福的事情，即使是诉苦给你听，也是一种信任，一种依赖，一种分享。

生：我有个生活体验，我也喜欢有人为我送来当天的信件，因为每封信件到你的手中都有一个美好的期盼。可是呢，我没有作者那么幸运，我期盼了十年，邮箱里还是一无所有。

师：那你要更用心等待噢。有人想成全小陈吗？（很多学生举手）有这么多人愿意，真好！我也很喜欢有人写信给我，我喜欢拆信的感觉，喜欢用手摩挲信纸的感觉。我跟陈卓讯有一样的期待，有人要成全我吗？

生：（七嘴八舌）已经成全了呀，暑假里，我们都写信给您了。

师：噢，那是我贪心了！可是谁会拒绝这么美好的书信往来呢？越多越好啊！（学生笑，点头）文中还有一段是写花的，好像无人分享，我想听听你们对花的感受。

生：我读这一段，是跟张爱玲的《花开的声音》作对比的。我先读一下张爱玲的文字"只有乡间那种小雏菊，开得不事张扬，谢得也含蓄无声。它的凋谢不是风暴说来就来，它只是依然安静温暖地依偎在花托上，一点点地消瘦，一点点地憔悴，然后不露痕迹的在冬的萧瑟里，和整个季节一起老去"。两位作者都写了菊花，张晓风说秋菊是清瘦的，这只是一种总的感觉，但是张爱玲对小雏菊的描写细致温柔，在她眼里小雏菊是不事张扬、含蓄无声的。

师：在对比中我们感受着不同的风格。

生：但是，我想问："我十分相信上帝在造万花的时候，赋给它们同样的尊荣。"那些小野花人们都注意不到它们，它们的尊荣在哪里呢？是它们长得不美丽吗？

师：那些不起眼的小野花自开自败，它们的尊荣表现在哪里呢？

生：我觉得它们的尊荣就表现在，它们用生命来装扮自己，为大地添一份美丽。

生：我感觉他们的尊荣在于它们很自由，不像别的花开在花盆里、花圃里，而这种小野花是开在山野里，它们很自由。

生：小野花的快乐在于它是活的。它绽开自己的花瓣，呼吸新鲜的空气，它就是它，活在世上，它就是快乐，就是有尊荣的。

师：有没有人欣赏没有关系，只要我们开得自由，开得自在，我就是我，就是我们的尊荣！

3. 散散写，在表达中自喜

师：孩子们，我喜欢，其实我真的也有很多很多的喜欢，我喜欢风起的清晨，我喜欢徒步上班，看两岸杨柳轻拂秦淮河面，看一路的车来车往，听好听的音乐；我喜欢，我喜欢临窗而坐，慢慢读一本喜欢的书；我喜欢，我有很多喜欢，你也有很多喜欢吗？请伴着美妙的音乐写一写吧！

生：我喜欢在蓝天上放飞纸飞机，在最简单最简单的春天的湛蓝里，仿佛在宣告着青春以及生命的活力。

生：我喜欢看着妹妹那甜甜的笑，喜欢看她那没有小牙的嘴傻傻地笑着，傻傻地流着口水，然后什么烦恼也没有了。

生：我喜欢女孩飘逸的长发，在春天，我喜欢放下长发，有人说那样的发型会很乱，有人说还不如扎马尾辫精神。但是我看电视或动画片时，国外的公主们都是披着长发的，显得很文雅。

师：那就让自己像公主一样，让长发飘逸吧！还有话筒在谁的手上，拿起来，说一说。

生：我喜欢刮彩票的那一瞬间（全场哄笑），就是你完全不知道里面会是什么。

师：充满着未知的喜悦！

生：而且你是在那厚厚的一沓里抽出的那么一张，那就是钱啊，你不能浪费掉。（全场笑声）

师：你这是很现实的快乐，也是一种快乐！最后一个机会！

生：我喜欢年轻，我喜欢跟着青春的脚步去跑、去走、去跳，走过越来越多的地方，看过越来越多的山水，读过越来越多的书，得到越来越多的知识！真的是愈发觉得年轻的脚步没有停下来的理由。（全场一片安静）

师：是不是应该有掌声！（全场掌声）老师很郑重地告诉你，你很了不起，你正活在最美好的年龄里，你有很长很长的时间可以去跑、去走、去跳，去看山山水水。

4. 静静听，在歌声中颖悟

师：真的是很喜欢你们的喜欢，我还有很多喜欢，最后我想给大家分享一首我喜欢的歌，一首非常好听的歌。（播放歌曲，只放了一段。）

师：这是汪峰的——

生：《存在》。

师：一首开始让我们关注愉悦生命的歌，你该如何存在，开始寻找自己的存在感的歌曲。在愉悦的生命里，张晓风因为写作，汪峰因为摇滚，而我因为你们找到了自己的存在感。孩子们，你呢？在愉悦的生命里，你会因为什么而找到自己的存在感呢？（非常安静，然后生举手）

师：这个问题，不用急着回答，你可以在生命里，在生活中慢慢地去寻找！

【自我感言】

这是我在学校和市教科所联合举办的"江浙沪国际教育品质研讨会"上所执教的一节课。听完课，原南京市教研室主任汪笑梅老师说："学生们这样的语感至少是初中生的水平了！"而我也很高兴！为和这个班的孩子两年多的一起阅读，一起分享，一起碰撞、争论，为和孩子

147

们的一路走来的成长，一路走来的精彩而高兴。一路实践，我们的散文分享课有了自己的操作方式：一是提前阅读，自我批注四到五处；二是人人参与，按学号一个接着一个来，一个不能缺；三是多角度分享：语言、写作、内容、命题、作者以及背景，等等；四是前置批注与即兴生成相结合，鼓励质疑、争论；五是读写结合，分享后，我们总会寻找契机让孩子们有感而发，抒写心中被不断激起的热情、感悟。岁月如沙漏，两年多的时间里，我们就这样和散文一起闲闲演绎着彼此的真，以心、以思维、以语言与散文彼此探寻着彼此的脉搏。我相信，最美的恰恰是我们所经历着的过程。

（二）流连文言实践样例

文言文二则

1.复习谈话

孩子们，又到了快乐小古文时光了。还记得我们上节课的小古文吗？背背看，谁先来？《冬》《夷甫无君辈客》

小结：《夷甫无君辈客》这是一个小故事，有两组对话，王刘？蔡公？旁白——我们可千万不能做像（王、刘）这样的人，要保持对人起码的尊重。

2.新授

（1）今天我们要读的小古文已经发给大家了，先自由读读。（生读）

（2）我们来读读——

第一篇：《张吴兴》

①指名2人读。

②学习对话。

◇这个小短文中有几次对话？（一次）

谁与谁？（先达与张吴兴）

注意看注释：先达是什么人？张吴兴呢？

文中有两字描写他的，哪两字？（不常）

什么意思？（不寻常）

◇ 一个不寻常的前辈与一个不寻常的小孩间有了一次对话，我想能被传诵千年，这注定是一场不寻常的对话。看看他们俩为一件什么事情对话？也是俩字。（亏齿）

◇ 什么意思？（牙齿掉了）八岁正好是换牙期。

◇ 我们找两人读读这个对话。旁白？

◇ 对话是什么意思，你读懂了吗？（指名说说）

◇ 由狗窦猜测：小张吴兴掉的是哪颗牙齿？（大门牙）

张吴兴怎么回答？

③聊聊张吴兴。

◇ 你觉得这孩子是个什么样的孩子？（不懂礼貌）

◇ 深入引导：拓展"晏子使楚"片段：楚人让他从狗洞入，晏子不入，曰："使狗国者从狗门入"。

注意到句子中一连三个相关的词语吗？（狗洞，狗国，狗门）

那为何不说"狗辈"，要说"君辈"呢？"君辈"什么意思？君一般指？（像您这样的人）

小孩子没说狗辈，说君辈，你觉得这孩子？（天真，不俗，童言无忌，直率、可爱）

小结：初具魏晋名士风范，难怪不常。

◇ 那个应声答道，让你觉得这孩子怎么样？（反应敏捷，聪明机灵）

小结：第二个不常之处。

④分角色朗读。

说到现在，我们再来读一读。谁是先达，谁是张吴兴？我来读旁白。（隐去"应声答曰"不读）为什么不读？练习连续性。

⑤聊聊结果。

✧这句话一出，那位先达会是什么反应呢？或者你觉得在场的其他人会如何反应呢？看到了吗？这儿少一句，你来补补看。

同桌讨论，给出很多补充：

先达好不尴尬，先达不语；

众莫不大乐，众莫不尴尬相望，众莫能答，众皆哄笑等等。

✧原文中怎么说的呢？（出示：人莫能答）你们说的和文中的说法各有其妙，甚至更高明！

⑥分角色读：加上这一句，我们再来分角色读，这次希望能有点动作。谁来读先达？张吴兴？旁白？

讨论：先达如何戏？动作有建议吗？小孩子回答时会伴随什么动作呢？

分角色边读边做动作。

第二篇：《兰亭集序》

（1）了解王羲之。（学生交流资料，突出书法家身份）

（2）走近《兰亭集序》。

✧我们看看节选文中一些字词：

癸（guǐ）丑：中国传统纪年农历的干支纪年中一个循环的第50年称"癸丑年"。以下各个公元年份，年份数除以60余53，或年份数减3，除以10的余数是0，除以12的余数是2。

修禊（xì）　游目骋（chěng）怀

流觞（shāng）曲水：觞是什么意思？（古代盛酒的器具）我们在《醉翁亭记》中也有一个表示酒具的词叫什么？（觥）

觥和觞有什么区别呢？简单说：觥是用犀牛角做成的，有药用功效；觞是耳杯，陶土制作，一般是酱紫色或酱红色。

那流觞曲水呢？别忙着看注释，我们来看一幅图。你能看图解释出来吗？（让酒杯随着弯曲的河流流动）

清流激湍（tuān）

会于会稽山阴之兰亭：两个"会"，怎么读？会稽是地名，扩展卧薪尝胆；

之：的。（引导学生关注文中还有一处"仰观宇宙之大，俯察品类之盛"）

"群贤毕至，少长咸集"中"少长"这两个字怎么读？什么意思？

谁来读？（提醒：注意根据意思确定读音）

（3）读读文章。（指名读）

（4）这两段主要意思你能大致读懂吗？（春天，一帮文人雅士聚集在风光优美的兰亭边喝酒吟诗。）

古今有很多画家根据这篇文章用国画描绘这件风雅的事情（看画）；大书法家王羲之用《兰亭集序》记载了这件事情，于是《兰亭集序》成了文学与书法的珍品，历代书法家争相模仿书写兰亭集序，我们欣赏几幅书法作品。

（5）春游活动，又是这样一群风雅之人，极开心之事，这样一段美丽的文字，你怎么读呢？自己读读。

（6）角色扮演读：当时参加这一聚会的有很多东晋名士，我查了一下，其中包括：大书法家王羲之，谢安，孙绰，支遁——一个高僧（和尚中高人不少哦，我们背的"沾衣欲湿杏花雨，吹面不寒杨柳风"谁写的？释志南；与苏轼交情颇深的那个和尚叫——佛印，是高僧，也是诗僧）你想扮演谁来诵读这篇文章？（指名）看看谁像东晋名士？谁像那些隔了千年依然打动我们的读书人？（性别不是问题，气质才是真功！）

生展读

（7）清明假期，我们写了一篇清明随想小文言，读来真的是悠然美好，各自有致。我们欣赏几篇。谁的谁来读！

（8）孩子们，读古文，背文言：张吴兴可爱，《兰亭集》风雅，很有意思。回家把他们读给你的父母听听吧，感兴趣的我有完整《兰亭集

151

序》，课后来找我。全文会背，另外有赏噢！

（三）整本书阅读实践样例

《中国古代寓言故事》

推荐（线上课程实录）

1. 谈话引入

亲爱的同学们，大家好！

今天开始，我们要一起来读一本书《中国古代寓言故事》。这是一本很有趣的书，我读完后为大家选了两篇好玩的故事准备读给大家听一听。寓言故事一般都是通过一个短小精悍的故事告诉我们一个道理，让我们从中得到启发。

2. 阅读寓言故事《黠猱媚虎》

（1）整体听读，游戏感知

今天要读的第一篇寓言故事是《黠猱媚虎》。猱，读： náo，意思是猴子。我们先来听一听这个故事吧。同学们，听完后我们要做一个听力小游戏噢，所以听的时候要集中注意力啊。

猱先后做了什么事？比一比看谁听得仔细，说得多！好，游戏要求清楚了，我们开始读故事了。（录音读文本）

故事内容：

黠猱媚虎

野兽中有一种叫猱的，身体轻小而善于攀缘，爪子很锐利。老虎头痒，就让猱用爪子不停地搔，结果把虎头搔出个洞，老虎还感到很舒服，一点也没有觉得异常。猱便一点一点地掏老虎的脑子吃，然后把残剩的余渣献给老虎，说："我偶然弄到一点荤腥，不敢独自享用，拿来献给您。"老虎说："真是忠心耿耿的猱啊！为了孝敬我连自己的口腹之欲都忍住了。"老虎吃了自己的脑子，还没有察觉。时间长了，老虎的脑子被挖空了，疼痛发作，便去找猱算账。猱早已躲到高高的树上去了。老虎腾跳着，大吼了几声，便死了。

故事听完了，请你按下暂停键用一分钟回忆一下这个故事，想一想：猱先后做了什么事？并说给爸爸妈妈听一听吧！

同学们，我们在课堂里学习的时候听得最清楚的学生说出了四件事情，分别是：① 猱帮老虎瘙痒；② 猱掏老虎的脑子吃；③ 猱把残渣献给老虎吃；④ 猱躲到高高的树上。

同学们，是这四件事情吗？和你想的一样吗？自己再来读一读这个故事，对照想一想啊。请按暂停键，自己读一读，想一想吧。

（2）两次比较阅读，关注语言及写法

① 听读不同版本的故事，思考比较。

想明白了吧？对的，就是这四件事情。现在再来看看这个故事的不同版本。注意边看边听读，你发现它们有什么不同？听读完之后想一想你更喜欢哪个故事呢？说说原因哦。

比较文本：

點猱媚虎

野兽中有一种叫猱的，身体轻小而善于攀缘，爪子很锐利。老虎头痒，就让猱用爪子不停地搔，结果把虎头搔出个洞，老虎还感到很舒服，一点也没有觉得异常。猱便一点一点地掏老虎的脑子吃，然后把残剩的余渣献给老虎，说："我偶然弄到一点荤腥，不敢独自享用，拿来献给您。"老虎说："真是忠心耿耿的猱

點猱媚虎

野兽中有一种叫猱的，身体轻小而善于攀缘，爪子很锐利。老虎头痒，就让猱用爪子不停地搔，结果把虎头搔出个洞，老虎还感到很舒服，一点也没有觉得异常。猱便掏老虎的脑子吃，然后把残剩的余渣献给老虎，说："我弄到一点荤腥，不敢独自享用，拿来献给您。"老虎说："真是忠心耿耿的猱啊！为了孝敬我

153

啊！为了孝敬我连自己的口腹之欲都忍住了。"老虎吃了自己的脑子，还没有察觉。时间长了，老虎的脑子被挖空了，疼痛发作，便去找猱算账。猱早已躲到高高的树上去了。老虎腾跳着，大吼了几声，便死了。

连自己的口腹之欲都忍住了。"老虎吃了自己的脑子，还没有察觉。时间长了，老虎的脑子被挖空了，疼痛发作，便去找猱算账。猱躲到高高的树上去了。老虎腾跳着，大吼了几声，便死了。

② 这两个版本的故事怎么比较，怎么说呢？我们给大家一个小贴士。（小贴士：要想说得清，须不忘全文；找出不同处，一处一处说。）请按下暂停键思考。

③ 交流：发现不同了吗？说说这些内容能去掉吗？不急，想清原因，一处一处说一说。

第一处：猱便一点一点地掏老虎的脑子吃

不能去掉，从这里可以看出猱很谨慎，害怕被老虎发现，也能表现出猱非常狡猾。

第二处：我偶然弄到一点荤腥，不敢独自享用，拿来献给您

猱说是"偶然"获得，既可以排除老虎的怀疑，也能显示自己的忠心。进一步取得老虎的信任，继续一点点吃老虎的脑子才有可能。当面一套表忠心，背后一套害老虎的性命。

第三处：猱早已躲到高高的树上去了

"早已"一词，说明猱很清楚最终结果，早就为自己做好了退路，可见其用心险恶，狡猾奸诈。

④ 同学们，这个故事从明代开始流传至今，有很多不同的表达，还有一个版本，我们也来听一听，读一读吧。看看你还能发现它们有什么不同吗？你觉得可以去掉吗？想想原因，然后可以和爸爸妈妈说一说。

先来听一听故事吧！

黠猱媚虎

野兽中有一种叫猱的，身体轻小而善于攀缘，爪子很锐利。老虎头痒，就让猱用爪子不停地搔，结果把虎头搔出个洞，老虎还感到很舒服，一点也没有觉得异常。猱便一点一点地掏老虎的脑子吃，<u>然后把残剩的余渣献给老虎，说：我偶然弄到一点荤腥，不敢独自享用，拿来献给您。"老虎说："真是忠心耿耿的猱啊！为了孝敬我连自己的口腹之欲都忍住了。"老虎吃了自己的脑子，还没有察觉。</u>时间长了，老虎的脑子被挖空了，疼痛发作，便去找猱算账。猱早已躲到高高的树上去了。老虎腾跳着，大吼了几声，便死了。

黠猱媚虎

野兽中有一种叫猱的，身体轻小而善于攀缘，爪子很锐利。老虎头痒，就让猱用爪子木停地搔，结果把虎头搔出个洞，老虎还感到很舒服，一点也没有觉得异常。猱便一点一点地掏老虎的脑子吃。时间长了，老虎的脑子被挖空了，疼痛发作，便去找猱算账。猱早已躲到高高的树上去了。老虎腾跳着，大吼了几声，便死了。

⑤ 故事读完了，不同也被你们发现了。那我们还可以想一想：猱可以不献残渣吗？为什么？

对这个问题我们可以从正反两方面进行思考：先想想不献会怎样？再想想献了又怎样？然后你才能更加明显感受到猱的狡猾、残忍。

⑥ 故事你读明白了吧！如果猱是一个人，你愿意结交这样的朋友吗？为什么呢？如果有机会看见这只老虎，你想怎么劝劝它啊？欢迎选择其中一个问题在评论区下方留言。

3. 阅读寓言故事《外科医生》

（1）谈话激趣

我们要读的第二篇寓言故事叫作《外科医生》。同学们，你知道外科医生主要医治什么疾病吗？我想大多数同学是知道的，即使你不知道，听完下面的故事你也会有很多很多话想说的。

（2）听故事

> **外科医生**
> 　　有个医生，自称精通外科。一天，一员副将从战场上负伤回来，他身上中了流箭箭头深入到皮肉里面，请这位医生来治疗。

（3）预测故事

聪明的同学们，你觉得这位自称精通外科的医生会怎么治疗这位副将的箭伤呢？请按下暂停键，用上我们学习到的预测的本领，自己接着编一编这个故事吧。编好后，可以跟身边一起听故事的同学或者爸爸妈妈分享分享。

（4）两相比较，感知寓意

相信你的预测一定很精彩！预测只要有根据就行。不过不同的预测会产生不同的寓意噢。让我们接着听听本来这个故事的结局吧！

> 　　医生取出一把并州产的锋利的剪刀，剪去副将身上露在外面的箭杆，便跪在地上请求奖赏。副将说："箭头还在皮肉里面，必须赶紧治疗。"医生却说："这是内科医生的事了，不应该也一起要求我来治。"

（5）启发谈话

同学们，你说他的行为是愚蠢？还是欺诈呢？或者是因为他无知而做了蠢事呢？想想真让人忍不住再次大笑。同学们，你的预测和他一样吗？只要合情合理，不一样也可以的，只是不同的预测会对读故事的人产生不同的启发。这个故事对你会有什么启发呢？生活中你遇到过这样的人吗？欢迎留言。

4. 推荐阅读其他寓言故事

（1）故事推荐

我们读的两篇寓言故事你喜欢吗？寓言故事不但很精彩有趣，还能带给我们很多启发呢！老师今天特地多选了几篇带来，有兴趣的话，同学们可以读一读噢！

出示故事名：

“猩猩嗜酒”　“猫头鹰搬家”　“鸬鹚中计”

“万字”　“千金买首”　“鲁人执竿”

（2）阅读活动

这几个寓言故事每一个都很精彩，每一个我都很喜欢！因此老师特别跟一个叫作“春天的寓园”的公园联系了一下，为我们有趣的寓言人物争取了一个机会。有兴趣的话可以试试啊！

春天的寓园招聘公告

亲爱的寓言故事迷们：

2022年2月，我们建了一座秘密寓园，可是里面的工作人员都还没有确定。同学们，快来为你喜欢的寓言故事里的人物申请一份寓园工作吧。想想：你想邀请谁来呢？它适合做什么工作呢？请你代它写一份工作简历（简历见附件一）。简历请投432165@qq.com。

寓园工作组

图3-7　春天的寓园招聘公告

附件：

表3-4　“春天的寓园”工作简历表

姓　　名		出处（故事名）	
特　　长		性格特征	
适合工作			
理　　由			

同学们，期待你们投递的优秀简历，也期待我们的寓园早日招聘到合适的工作人员，早日开业。不过，如果你觉得做起来有困难，也可以

从下面练习中任选1—2项做一做。

（3）阅读小任务

①《猩猩嗜酒》故事中猩猩的错误你犯过吗？猩猩看破了人的用意，为什么还会喝醉了呢？

②《鲁人执竿》故事中你赞成老人的办法吗？你有更好的办法吗？

③《鸬鹚中计》这个故事中鸬鹚为什么最后被捉住了？

（4）从中选一个你觉得有意思的寓言故事讲给同学或父母听一听，分享你阅读的快乐。

（四）评价：慢养语文课程评价的混合多样

慢养语文是我的个人课程，目的是培养学生对语文的热爱，提升学生的核心素养，因此我主要关注的是过程性评价。新课标中指出"过程性评价重点考察学生在语文学习过程中表现出来的学习态度、参与程度和核心素养的发展水平"。在过程性评价中，我对评价的最终落点在于帮助做实课程，保护并推动学生保持继续学习的热情。因此我更注重评价的多元主体，多种方式和多个层次。

1. 评价主体多元化

我的这一课程的实施，所依赖的是自己对学生的热爱，对母语的热爱，所依赖的是同道中人的支持。因此，它在评价中所呈现出来的多元更具活力。首先是学生。学生是这一课程的学习者、建设者，同时他们也是自评与互评的主体。每一门课程的阶段性评价中，他们的角色有时会在他评者与被评价者中切换。整个活动的过程学生对于角色互换乐此不疲，认真负责。比如，情景剧，他们是表演者，被评价对象，又是他评者，评价别的小组的表演。有时学生是自评者，主要有两种方式让他们自评。其一要求在与自己前期学习效果比较下给自己一个相对客观地描述性评价。其二，在给定的标准中给自己一个评价。苏格拉底说："认识你自己。"的确，认清别人有时比认识自己更容易。"自知之明"，能自知，能认识自己是一种智慧。希望自评可以帮助学生相对客观地认识自己在这个学习过程中获得的成长和存在的不足。比如，在名家散文批注中，可以让他们对照自己前一个月，前半年所做的批注来给自己一个描述性评价，也可以对照标准自评自己不同时段的学习效果。其次是学生家长或校园同道中人。学生家长和校园同道者也是这一课程评价不可或缺的评价力量。学生家长参与评价时，我通常会把家长分为几组，每次邀请一到两组，这样轮换下来，一学期基本上每位家长会有一次。但是很多时候家长都会私下申请，他们参与孩子成长过程的热情常常令我动容。上述我们提到的情景剧表演，很多时候我会安排7人家长评委和全班学生一起担任评委。这样其实可以减少家长的个人情感因素影响，最大程度做到客观公正。当然，有时需要全班家长一起参与。这种情况我一般会在学校统一规定的班级家长会上举行。比如，诗词大会。在家长会前夕，我会做好班级人数的签，现场让每位家长抽一张签，按照学生学号的先后顺序，相关家长报出签中学生姓名和诗歌题目，该生须立刻背诵出相关诗歌，期间报签家长在学生卡壳时可以提醒一次，提醒一次扣除10分，两次不得分。（见图3-8）这种方式会直接倒逼学生提高对自我的要求，诗歌背诵的复习无人监督却欣欣向荣，家长的关注度也是空前高涨。现场气氛紧张而又欣慰。每一次这样的现场诗歌呈现从未有过的流畅，从语音、语调到节奏，一切都是那么完美。最后是作为老师的我。我作为主体的评价一般会是一个学习内容完整结束后进行。比如：新课标规定的背诵诗歌，我会以十首一次来分割好，慢慢推进，然后以十首为单位进行纸笔命题，最终由我来给定分数。考试

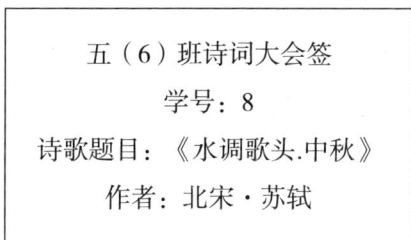

五（6）班诗词大会签

学号：8

诗歌题目：《水调歌头.中秋》

作者：北宋·苏轼

图3-8 诗词大会签

的形式拒绝直接默写，我们会以配图、配乐、改写、设计运用情境或者填空等方式进行。

在评价操作中，这三种评价主体参与的形式不一。有时是单一主体执行本次活动的评价，有时是双主体或三位一体共同对本次活动进行评价。多元主体参与评价能够更好地帮助学生处理好语文课内外学习的关系，能有助于学生发现并主动发展自我潜能，更能增强学生自我管理的能力。

2. 评价方法多样化

在慢养语文这一课程的评价中，我们的评价内容会跟着一个个相对独立的系列课程确定。

《朗读者——名家散文阅读》课程，我们的评价方式主要集中在朗读类活动以及批注与交流的质量上。《流连文言》和《遇见诗歌》课程我们的评价方式主要是背诵、纸笔测试和各类与此相关的现场活动中。《整本书阅读》我们主要以情景剧表演、配乐朗诵片段、电影配音、名片制作、故事会等活动方式来实行评价。《主题文集》的评价主要是以评奖和现场展示的方式进行。我们设立了很多奖项用以激励不同层次的学生，鼓励、唤醒他们习作的热情，提高写作水平。比如，世纪小作家奖、封面设计奖、妙笔生花奖、书法家奖等，还有纸质作文展览，博客共评以及文集巡回展等。过程之中，我们还有每日一读中奖。每天选两篇，只读精彩片段，选中即有奖。

综上，我采取的评价方式主要就是活动评价，辅之以纸笔考试评价。除此，学生在学习过程中的资料搜集也是评价的依据之一。我会及时提醒学生哪些资料是要妥善保管，并要求按时间编排好，存入自己的成长袋中。一段时间之后我会抽出时间让学生自己翻阅这些过程性资料，用一段描述性语言对自己这段时间的学习效果进行评价。这种增值评价的加入，能够让学生将其与他评结合，目的既是课程发展的需要，更是可以帮助学生从多个层面认识自己，为学生内在学习品质的发展，也为学生能在看到自己的成长，自己的进步中，在感叹自己的变化中主动为自己后续的学习蓄满能量、增加动力。

3. 评价标准多层次

每朵花开都有自己的时间，每个人的成长都有自己的节奏，因此在制定每一项评价标准时，我注意多层次标准的设置，让每个学生都在其中找到存在感、成就感。从个人情感上说，或者说本人主观地认为个人课程的开发并不是一定要学生达到知识能力上一个刚性目标，我更愿意它是为学生提供一个多元认知、肯定自己的路径，让每个学生都能发现并找寻到自己学习语文的热情和动力。为此，我努力拓宽评价的视野，将多学科无痕融入，并制定相应的多层次多维度标准，给足评价的自由空间。我始终深信单一维度的评价标准势必会在激励部分学生的同时伤害部分学生。

比如，我们读完了《柳林风声》，汇报的形式是小组情景剧表演。我们设计了这样一个评价表格。（见表3-5）这个评价表格没有我们通常看到的那么严谨，项目也没那么多，但是它提供了两个维度：整体和个人。整体部分没那么严谨，也没那么精细，但是我觉得这样便于学生在一定的评价内容中凭借自己的感性经验给出合理的评价。个人评价注重的是进步显著，这就会把部分目光集中到不那么优秀但是很努力的学生身上。太优秀的一贯优秀，进步反而不容易评定，除非较之原有水平特别耀眼突出。而表现欠缺或者一般的学生一旦在表演中有进步，大家就都会关注到，反而容易评价。这个维度既遵循了心理学中人的趋利避害心理，同时也能为平时存在感不足的学生找到闪耀的空间，让每个学生都相信只要努力我也可以为团队做出贡献，在获得认可的同时增强自信心，点燃学习的热情。一个小小的维度切入，让评价的程序不烦琐是学生为主体的评价得以实行的关键之一。

表3-5 《柳林风声》情景剧表演评价表

评价项目	评价标准	参考分值	得分
故事内容	内容选取完整	20	
小组合作	小组成员间分工明确，整体表演有趣，每个扮演者都能努力地表现角色特征	30	
服装	比较注重服装与角色的统一，看上去很舒服	10	
语言、动作	人物动作设计合理，对话丰富生动，表演时音量适中	25	
（　　）组员特别贡献奖	较其本人之前表现，进步显著，特别是（整体　音量　表演）方面（打钩即可，一项5分）	15	
总分			

另外，有时我们会针对同一个内容的评价制定两到三个层次的评价表格，分值各自为阵，但是最终评奖呈现无差别对待。比如，《主题文集》的小作家评比，我们给了两套标准，评价者根据自己对评价对象了解选择合适的评价表格给出合适的评价。最终评奖按总分高低排列，这样可以兼顾各个层次的学生。因为这一评价的最终目的是让学生因此热爱语文这门学科，激励唤醒学生学习的热情，所以获奖名额会在30%~40%。

表3-6 私人文集评价表一

被评价者		你对其平时作文的心理分值	
评价内容	评价标准	参考分值	得分
格式与书写	封面有装饰，目录完整，篇目齐全，书写工整，本面保存完整	10、15、20	
作文内容	文通字顺，叙述完整，语言生动，富有感染力	30、40、50	
最佳习作《　　》	原因：	20、30	
总分			

表3-7　私人文集评价表二

被评价者		你对其平时作文的心理分值	
评价内容	评价标准	参考分值	得分
格式与书写	封面有装饰，目录完整，篇目齐全，书写工整，本面保存完整	15、20、25	
作文内容	文通字顺，叙述完整	30、35、40	
最佳习作《　　》	原因：	15、20	
请分点描述他的进步表现		5、10、15	
总分			

　　这一课程所建立的混合评价主要是为了在落实语文新课标中，能够将内陷的综合性素养变为感性与理性相结合的语言运用行为，是为了学生更好地发展，当然也为了课程的进一步完善，因此，它始终坚持为学生服务，为课程服务，不拘泥，不羁绊。

第四章　以慢养语文润育终身阅读者

一、境界：慢养语文润育终身阅读者的卓越追求

习总书记说："阅读是人类获取知识、启智增慧、培养道德的重要途径，可以让人得到思想启发，树立崇高理想，涵养浩然之气。"《义务教育课程方案》提出培养的目标是让学生成为"有理想，有本领，有担当"的时代新人。立德树人、以文化人是语文课程的根本任务。"树"即塑造，"化"即化育，即春风化雨。可是，从人的终身发展来看，一个全面发展的健全的人的塑造和培育最终将由他育转化为自育。鲁迅说："吃秕糠长大的青年是没有希望的。"费尔巴哈说："人就是他吃下去的东西。"近代著名教育家张伯苓先生说："书籍是人类养怡之良师。"朱永新教授说："一个人的精神发育史就是他的阅读史。"因此，慢养语文的终极追求是力图通过这样一种教师引导下的丰富的经典阅读，这样一种日积月累，让学生能够在经典书籍的熏陶下，在各种活动的鼓励下，在时间的弥长坚持中，丰厚积淀，提升素养的同时，将阅读这颗种子种进自己的心田。慢养语文成就了学生在学习黄金期海绵吸水般的阅读，这就像在他心里埋了一个种子，我并不知道能生长出什么来，对文字的敏感，对美的鉴赏，对生活的反思，对文学的热爱，还是对将来可能遇到的艰辛冷落生涯有一个和解相安。但无论怎样，值得向往的是书籍带给人类的温暖将因其阅读而有机会长存在他的心里。我所做的也只是在这样一个我们相遇的美好时间里在他的心灵播进去一粒阅读的种子。我知道结果无法量化，可能有惊喜，也可能收获甚微。但是，只有在春天里种下这颗阅读的种子，秋天才有收获的可能。我总要给春天一

165

个机会。因此，让学生成为终身的阅读者是我始终不渝地追求。

在三十余年的教学生涯中，看着一届届学生毕业，得知他们在不同的地方健康阳光地生活着、工作着，我很欣慰。欣慰自己曾经为他们丰盈的未来生活做过慢养语文这件事，为他们成为终身阅读者而努力过。

（一）精选书籍，让学生具有高品位阅读成为可能

唐德刚先生说："学龄儿童在十二三岁的时候，实在是他们本能上记忆力最强的时期，真是所谓出口成诵。要让一个受教育的青年接受一点中西文学和文化遗产，这个时候实在是他们的黄金时代——尤其对中国古典文学的学习与研读，这时如果能熟读一点古典文学名著，实在是很容易的事——至少一大部分儿童是可以接受的；这也是他们一生将来受用不尽的训练。这个黄金时代一过去，便再也学不好了。"[①]全国著名特级教师孙双金老师提出"十二岁以前的语文"。《傅雷家书》有这样一段往事记载：傅敏小时候诗歌未能背出，傅雷如是说："过去，私塾先生要学生背书，子曰、诗云，即使不懂，也要鹦鹉学舌地跟着念和背。诚然，死记硬背不宜提倡。然而平心而论，似也有其道理。七八岁的孩子，记忆力正强，与其乱记些无甚大用的顺口溜，不如多背些古诗古文。中国的好诗文多得很。一首首一篇篇地储存在脑子里。日子长了，印象极深。待长大些，再细细咀嚼、体味，便悟出了其中意义。这叫作反刍。若到了二三十岁，甚至更晚才开始背，怕也难记了。'少壮不努力，老大徒伤悲'，这都是经验之谈哪！……"[②]这语重心长的话语有一种特别的感召力量。那么在这样的一个黄金期我们该给孩子带进一个怎样的书的世界呢？我记得朱自清先生在《经典常谈》一书中早就指出："经典训练的价值不在实用，而在文化。"[③]因此，我想选择经典书籍给学生读是必须的。可是合适的才是最好的，不是任何经典在任何年

① 胡适著，唐德刚译注：《胡适口述自传》，华东师范大学出版社1993年版。
② 傅雷、朱梅馥著，傅敏编：《傅雷家书》，天津社会科学院出版社2014年版。
③ 朱自清：《经典常谈》，中华书局2016年版。

龄都是合适的。什么样的经典适合什么年龄段的学生读呢？这才是落实经典阅读最关键的问题。

选文、选书成了对慢养语文课程质量最核心的考验。我想我不能因为自己的逼仄而影响学生阅读的质量，我也不能随便从网上下载别人的推荐书单，不能随便拿来什么书就给学生读。学生读书的时光是有限的，而我想让学生养成终身阅读的习惯，想让他们成为终身的阅读者，我希望他们人生开始的阅读经历是美好的，阅读书目是文质兼美的，有品位的。我希望我带给学生的阅读视野是开阔的，同时又是能够最大限度地将经典与学生的喜欢相结合的。为此，我踏上了这条漫漫无期的探寻之路。首先，我认认真真地分类梳理了自己这些年读过的好文，好书，再凭借自己对儿童这么多年的了解，进行了不同年龄段的不同书籍配置。其次，我对学生做了两份调查表格，一份是将我读过的分类好的文章和书籍做成调查表格在不同年段让学生勾选自己读过的书，喜欢的书和想推荐同学读的1—2本书。另一份是空白表格（见表4-1），让学生填写自己读过的书、印象最深的书和想推荐给同学阅读的书。还有一份是针对教师的调查表格。这是与学校合作，以教导处的名义进行的一份电子调查问卷。主要是想一卷两用，既可以给学校提供书目参考，又可以为我所用。这个调查表格主要调查每一位教师曾经推荐给学生阅读的书，以及读后反响很好的书（见表4-2）。接着我在一边梳理这些调查数据的同时，利用所有的节假日，我泡在金陵一个个大大小小的书店，泡在金陵各式各样的图书馆里看书、选书，读他们推荐而我没有接触过的书。同时我还结识了一些出版人和同道中人，和他们聊天，听他们的介绍。

表4-1　学生阅读书籍调查表

学生		班级	
我读过的书			
我喜欢的书	提醒：请在上面书籍后打钩即可。		
我最想推荐的书及推荐理由（1-2句话即可）			

表4-2 教师推荐书目调查表

年级	曾推荐的好文，好书	反响热烈的书目及简单反馈
一年级		
二年级		
三年级		
四年级		
五年级		
六年级		
表格填写说明	老师们好！ 　　请在您曾经执教过的年级相应位置填写您曾经推荐过的书籍和学生读后反响热烈的书籍。因为是电子表格调查，如空间不够可自行扩大。请于5日内以教研组为单位，由组长收齐打包发送至QQ邮箱452207658。占用了大家宝贵的时间，非常感谢您的配合！ <div align="right">教导处</div>	

在这样一个探寻书籍的过程后，我为学生精心制定了本年级阅读的经典好文好书，并预备了其余年级可以推荐的经典好文好书，利用寒暑假自己再做进一步地阅读筛选与推荐规划。这样，我就确保了学生阅读书籍的质量，为塑造学生的高品位阅读做足了准备，提供了基础和前提。唐德刚先生认为学生以后也许会忘记你自己背过的诗词，但是他体会过好的韵律、词语和意境，这些都在心中，蜕变成了他的一种品位，于是他会知道什么是好文。读经典的人，气质是不一样的。苏轼也曾表达"粗缯大布裹生涯，腹有诗书气自华"。同时，教学相长，在这个过程中我也开阔了自己的眼界，拓宽了自己的阅读面，丰富了自己的认知，丰厚了自己的文化积淀，提高了自己的文化修养。这是慢养语文得以良性循环，长期开展的根本。

（二）融入生活，让阅读成为学生生活的一种需求

让阅读成为学生生活的一部分，对于深谙语文学习之道的老师来说，只是这样想想都觉得该是一件多么美好的事。

慢养语文，慢的是心态，慢的是节奏，养的是内心的温润，不急不躁，优雅恬静，养的是与人的真，与人的善和美，养的是精神的洁净，

底蕴的丰厚，表达的美好。一句话，因为慢养语文的学习，让学生的生活变得书香四溢，内心清明，从容豁达。抱着这样美好的愿景我们引领学生进行的语文学习生活同样充满生活的味道。有诗书琴画的生活中的阅读，也有洗手羹汤的辛勤实践。

自主自能自觉阅读是慢养语文主要的学习方式之一。如何培养学生这样的阅读习惯是我最为关注的一件事情。首先，我让学生深深体会到阅读是一件美丽的事情。为此，我利用节假日，号召学生带上相机或者手机，与父母一道去寻找阅读的最美的风景线，留下不同场合里阅读人的身影，然后举行了一个最美阅读人的画展，可以是照片，可以是绘画作品。通过这个展览初步让学生感受到阅读所具有的独特美感，心生向往。除此，我还会请家长做个有心人，随时随地捕捉孩子阅读的美好影像，用在我课堂教学中不同的课件上。鼓励无处不在，阅读无处不美。我就想给学生这样一个理念。其次，我会用一些相对固定的时间来阅读、交流，利于形成学生一种行为的自动反射，身体的诚实记忆。比如，每天中午午休前的20分钟阅读。每到这个时间，我就会进班打开音乐，伴着乐声，我和学生一起安安静静地读书。那样的场景，正如顾城诗中写道的那样"我们站着，不说话就十分美好！"比如，每晚睡前十分钟阅读的习惯。为了帮助学生养成这个习惯，我和家长们一起坚持了很长一段时间的鼓励督促。我们有十分钟阅读录像打卡，有十分钟睡前读书自我记录卡30次上限换奖，有一个月一次的最佳坚持奖，最棒读书时长奖，最自觉读书奖等。即使形成了习惯，我们也会不定期进行调查了解，定期举行"睡前读书趣事"的故事会。再次，我们会在书中寻找生活，在生活中寻找书香。记得2017年秋天，班级群里郑钦文晒出了周末在灵谷寺桂花树下读书的照片和附上的一段表达，班级里学生看了很是羡慕。于是，我就在班级群里招募了周末一起"赏桂花，读桂花"的学生。之前，我请郑钦文给大家介绍了出发前的准备，桂花树下他的活动项目和注意事项。然后，根据他的介绍，我召集他们讨论了我们周末活动的方案（见表4-3）。那次的活动活泼有趣、收获颇丰，到现在依然记忆犹新。叶昱萱同学还写了一篇长达1200字的活动感受《又闻木樨香》，在班级里美美地配乐朗读了。还记得我们一起在读蒋勋的《生活四讲》时，书中蒋老师提到一道小菜"梅子苦瓜"的腌制，班里十几个学生回家动手腌制了这道小菜，父母很是意外，也很欣慰。还有学生把这道小菜的腌制方法介绍给了父母，和父母一起动手实践，真的是书香、菜香一起烹制了一道语文与生活的美味佳肴。当我收到家长激动之余发的短信，拍的图片很是意外，也非常激动。由此，我们拉开了"向书本学滋味生活"的实践活动序幕。学期末我们的这场生活秀可谓五花八门，精彩纷呈。尤其是八位男生的无主持论坛让我大开眼界。语文与生活的融通，让读书浸润生活，让生活因读书更精彩。也可能正因此读书渐渐成了学生生活的一部分。

表4-3 "赏桂花，读桂花"实践活动方案

活动准备	1.一篇描写桂花的散文或诗歌，练习配乐朗诵，说说喜欢的理由。 2.一到两首描写桂花的诗歌。 3.手绘关于桂花的一幅画。 4.一张地垫，一瓶水。 5.一两样桂花食品，指定人带桂花茶叶，茶具。 6.选出主持人：夏雨轩。 7.提前把自己的朗诵作品名称发给主持人。 8.指定人员团购门票。
活动项目 及步骤	1.环三百年桂花树，闻闻桂花香，交流观察和感受。 2.配乐朗诵。 3.桂花画展，合影。 4.品茶，分享桂花食品，分享你看到过的金陵别处桂花或讲述读过的印象深刻的其余作品。 5."飞花令"。
友情提醒	1.打印朗诵作品；2.桂花食品不能多带；3.地垫厚一点，秋天晾衣服也要多穿一件衣服。4.亲子活动，须一名家长陪同。

（三）建构体系，让进阶阅读实现帮助学生的成长

慢养语文的学习是一个进阶式阅读与写作的过程。慢养语文成全的是学生的成长，因此慢养语文的阅读必然是进阶式的，必然要经由阅读

来促进学生的成长。而随着不断进阶的阅读会让学生的积淀日渐丰厚，学生的语感日渐敏锐，学生的写作水平日渐提高，这也反过来要求我们阅读的体系建构必须越来越有品质，必须是进阶式的。这是欣喜也是压力。

吴昕歆教授说："学业进阶通常是围绕着一个内容领域来描述学生的不同阶段的表现，不同阶段的表现是扣住一个概念去描述的。"如此看来，我就试图围绕着一个概念去描述学生不同阶段的表现吧。

诗词是中华文化的瑰宝，新课标规定小学阶段学生的优秀诗文背诵要达到160篇。根据新课标这一要求，结合我对国家教材所做的整合，我将160首按照新课标规定的50首+50首+60首的年段划分进行了具体的分解，在此基础上增加了200首优秀诗文背诵量。也就是说，我的学生在六年学习结束时背诵优秀诗文的总数会达到360首（篇），这是一个底线，能力强的会更多。2016年小学毕业的一届学生他们在我执教的中高年段四年内诗文背诵合起来的总量达到了580首（篇）。一开始个别学生会有点吃力，我们确保做到量力而行，不强求，不统一要求。身心的健康高于一切。但是在这样的氛围中，在浓厚的兴趣中，在日益敏锐的语感和记忆里的锻炼中，学生自能学习，后面赶得很快。我觉得没有什么比有兴趣和"我要学"这一内驱力更具有力量了。2022年毕业的这一届学生我只教了中低年段，一共四年，可是他们仅古典诗歌这一体裁的背诵就达到了420首。这些优秀诗文背诵中的古典诗歌和部分现代诗文我大多安排在了中低年段，和必备诗文一起落实，一起通过各种活动进行交流分享。中国古典文学中的词和文言文部分我将选辑的大部分安排在了高年段。（见表4-4）在具体落实时基本遵循新课标各年段要求。当然，我会根据学情对要求进行适当地上下浮动。浮动的原则只有一个，因材施教，因生设教。

表4-4 小学阶段诗文背诵的数量规划

年级	数量（首、篇）	诗词（首）	文言文（篇）	现代国内外诗文（首、篇）
第一学段	50+50	75	5	20
第二学段	50+90	105	10	25
第三学段	60+60	70	20	30

低中年段和高年段数量分配的不同主要是从学生的身心发展规律、课业负担和本身积淀等方面综合考虑的。绝句和律诗据不完全统计，95%的学生会随着课堂学习结束就能背诵，高年段几乎100%。而词和曲随课堂结束就会背诵的学生也能达到80%左右。并且，一个不容忽视的事实是在大量的背诵中学生积累的不只是数量，还有语感，更有学生记忆力的提升。这样学生是越背越有技巧，越背越快！高年段因为他们理解背诵古诗的能力增强，大部分是放手背诵，检查就好。这样节省下来的时间可以用于文言文的指导学习，活动开展，因此高年段文言文背诵的篇目有所增加。

优秀诗文的了解同样呈现了进阶的设计。比如，针对古典诗词学习的进阶阅读要求。（见图4-1）低年段大多是针对背诵熟练度和速度来设计的各种有意思的活动，还有"飞花令"活动，偶有根据诗词配图的活动。中年段，除了针对背诵的竞赛活动和飞花令，在诵读中我们鼓励学

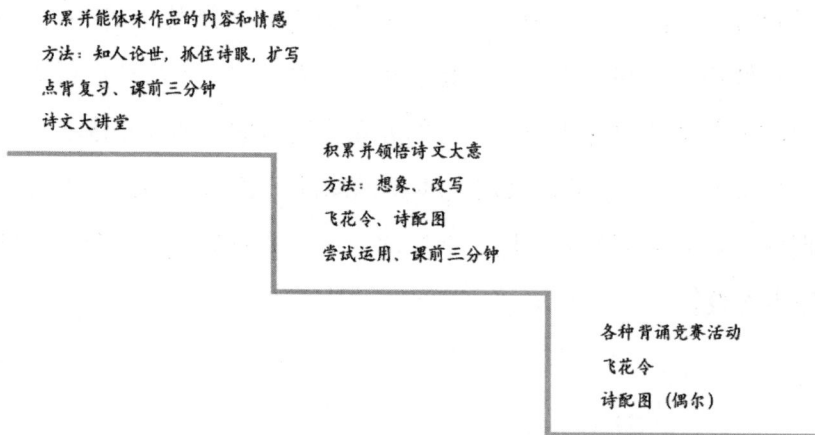

积累并能体味作品的内容和情感
方法：知人论世，抓住诗眼，扩写
点背复习、课前三分钟
诗文大讲堂

积累并领悟诗文大意
方法：想象、改写
飞花令、诗配图
尝试运用、课前三分钟

各种背诵竞赛活动
飞花令
诗配图（偶尔）

图4-1 小学古诗词三学段进阶式阅读要求

生大胆想象，大胆表达，可以口头交流，可以根据自己的想象和理解进行书面改写。另外，给诗词配图成为一种常态，并鼓励在口头和书面表达中尝试运用积累的古诗词，一有运用即有奖励。我们还在课前开辟了三分钟诗词小讲堂，适当引导学生关注诗人，领悟诗歌大意以及部分诗歌的创作背景，慢慢渗透"知人论世"的诗歌理解方法。高年段我们在课前三分钟的基础上，每周开放一节课作为诗词大讲堂的时间，指导学生充分备课，学习并运用知人论世，充分想象意境，抓诗眼体会诗人情感等方法，鼓励课堂大胆演讲，鼓励根据诗词大意和意境对诗词进行扩写，并设置多项奖项加以表彰。除此，我们还邀请中学名师、大学教授等走进高年段课堂，增进学生对古诗词，对中国传统文化的了解，为他们打开更广阔的视野，进一步激发他们对祖国古典诗词的浓厚兴趣，乃至产生心向往之的美好愿望和学习内驱力。

二、视角：慢养语文润育终身阅读者的主体担当

慢养语文这一主张能以完整的课程内容建构得以常年实施，需要的无疑是为师者的担当和学生的自觉。二者相辅相成，缺一不可。师者的担当精神，垂范意识能很好地引领学生愉快地开展慢养语文的学习，学生的自觉能最有效地让慢养语文扎实落地，取得卓越效果。

（一）师者即仁者、思想者和示范者的合体

慢养语文是一个师者主张，慢养语文的实施需要个人付出，就我这么多年的实施经历来看，应该说是几倍于单纯执行国家教材的精力付出。这个漫长的过程更需要有全心全意为学生的成长自觉自愿付出的精神，需要师者悲悯的博爱情怀，需要更多爱心、耐心、诚心，很多时候还需要精耕细作的匠心，需要打破常规思维的创意等。只有这样才能引领学生通过慢养成为终身的阅读者和自信表达者。

对于小学生来说，示范的作用，榜样的意义是非比寻常的。在整个课程实施中的每一个部分，我追求思想先行，示范导行，实施可行。在实施中以生为本，一生一本是基本准则。比如，为了营造一个以读书

为荣，人人爱读书的氛围，每天中午，我们开辟了20分钟读书时间。一到时间，我就会带着手头的书去教室，教室里已经很安静了，人人都在看书。每一次新接的班级刚开始的时候，第一个月我都会不仅和他们一起看书，还会在学期伊始将"阅读就是我最好的休息"这句话作为我们阅读生活追求的目标。此外，我还会开设两节课的微型小讲座《有意思的阅读生活》《名人阅读小故事》，然后推荐两到三本书，也鼓励学生带自选书籍来阅读。这一个月的读书时间里，我进班不穿高跟鞋，因为中途会有两三次的巡视，脚步轻轻才能不打扰学生。这一个月里巡视的主要目的是督促与鼓励并行。发现不太安心的及时安抚鼓励，发现特别专心的及时表扬巩固，发现选书有问题的及时提醒并落实更换。也就是说，这一个月是陪伴的一个月，也是解决各种问题，养成习惯的一个月。过了这一个月，我进班，除了关注学生阅读的书籍，就只会安静地陪读。示范是最好的引领。言传身教，率先垂范，我相信一个爱读书的老师才会带出爱读书的学生，才能真正让学生爱上阅读，拥有终身受用的良好的阅读习惯。

在二十几年的实践中，作为慢养语文的提倡者、实施者，我一直秉持"学无止境，率先垂范"的原则，自己读过的整本书才能推荐；自己细读，觉得特别优秀的诗文才能要求学生背诵；用来开展语文实践的活动力求是多维的、多元的，有思考与表达空间的才能用来实践；自己调查思考觉得符合学生，有生活、有空间的话题才能用来习作。

在开发"母亲节"习作主题时，我不仅提前做好了方案，为了检测方案的可行性我还特地自己跟着方案做了一本文集。然后才在班级里按时间按进度开展。对于母亲仙逝的学生我特别关注、提前沟通，如果本人愿意，他可以写成思念文集，或者换成他想写的亲人。在开发游戏主题习作时，我会放进一两个集体游戏，培养学生在开放空间里自我管理与团队合作能力。比如，在开发跳跳圈游戏时，我细心研究清楚游戏规则和注意点，请教体育老师室外课教学要做的准备，然后自己还请体育老师指导练习了游戏的全过程。趁热打铁，我写了一篇700字的《跳跳圈游戏记》下水文。经过这样一个无纸笔的独特备课过程，我轻车熟路地精心组织了学生的游戏活动，在活动重要的地方我还会通过语言、手势和多组反复示范来强化游戏规则和安全游戏意识。在习作中，很多学生对这一游戏的过程描写明显有了进步。

打破常规，创意思维，让语文课更具吸引力也是慢养语文系列课程常年吸引学生的一个重要原因。2011年，我校因为扩建，部分年级搬迁到了分校校区。分校开阔的操场一下子就吸引了我。站在操场上，南来北往的风鼓动着我美好的想象，想象着我的很多阅读课堂可以打破教室的围墙，与蓝天白云，暖阳清风为伍，席地而坐，自由自在，让思维随风起舞，让实践充满新鲜的空气，让朗诵用花香鸟鸣伴奏。对于一直被禁锢在教室里的学生，语文课竟然可以在操场上，在美丽的紫藤萝长廊上，这本身就是一种美的熏陶，对美的理解。美不是一堆知识，一堆文字，美是有生命的，打破语文课堂的禁锢本身就是对美的一种开掘与彰显。核心素养之一就是"审美创造"。那一学年我们在那个长廊里一共上过16节与天地为伍的课堂。我们在长廊下背诵古诗，比赛飞花令，在长廊下读苏轼的《承天寺夜游》，刘禹锡的《陋室铭》，周敦颐的《爱莲说》，郦道元的《三峡》等等。我们在长廊下被安徒生吸引，流连法布尔的昆虫世界，好奇《森林报》里奇妙的自然。我们还在操场光滑的一角无比欢乐地过了一把《陀螺》的瘾。学期结束，我们一起写了一篇习作《操场上的语文课》，各有印象不同的课堂，各有情趣不同的故事，当堂完成。时隔十几年，犹记得当时阅完，心情舒畅，甚是宽慰。

（二）学生自觉自省，走向终身阅读的规划者、行动者和发展者

让学生成为终身阅读者，这是慢养语文课程一个长远而又充满召唤力的目标。学生成为一个终身阅读者，这对于学生未来的发展至关重要。这是一个飞速发展的社会，这是一个信息爆炸的时代，因此未来充满了不确定性。小学生是身心飞速成长的人，他们的成长同样也充满了

不确定性。在漫漫人生路上没有一个人可以始终陪伴着他们，指引着他们。他们终须自己面对很多艰辛挫折，一个人面对很多不确定。我想，最终能帮助人能力增长，心灵成长的导师应该是阅读。因此为了让他们在未来人生遇到这样时刻能有书为伴，能有一个高尚的智者在某一瞬间，在时间和空间广大的维度中，用他不朽的文字温暖抚慰着他，牵引着他走过那些孤寂的时刻。告诉他，有一个很久以前存在的人，这一刻与他惺惺相惜，告诉他"we all have been through that"，让他感受到生而为人本身不易，淡然看待就好。阅读不止能丰富心灵，也能让他们独自面对不可能完成的任务时知道学习的重要意义，知道阅读可以发展自己，壮大自己，进而经由阅读去完成自己。对于一个老师这是一件多么富有意义的事。

慢养语文课程为了达成丰厚学生积淀，提升学生语感的目标，为了让学生经由这样一个语文学习生活能发自内心地爱上语文，成为一个自觉的、有规划的终身阅读者，并借此得到人格与学识的双重发展，我做了很多有益的探索。

1.让兴趣成为爱好，让爱好成为嗜好

"让阅读成为学生生活的一部分。"是我开展慢养语文的一个美好动力。为此，我通过各种有趣的方法和活动来激发学生对阅读的渴望与热爱，让他们始终能保持浓厚的阅读兴趣。首先，我力求每一次阅读的书目都能被学生喜欢。每一次书目的推荐我都很慎重，都是在广泛积累、倾力阅读后再作出的选择。其次，我创意设计每一次的推荐活动。除了典型情节先睹为快等常规推荐策略外，如果书籍内容被拍成电影的，我还会剪辑精彩镜头播放给学生看，有时让学生配音播放。有时自己也会改写剧本，进行戏剧排练。最有趣的是，有时我还会做成评书的形式，一说到紧要处就戛然而止，留待第二天说。学生实在太好奇，就会自己去买，自己迫不及待读起来。形式很多，目的只有一个，让学生被书籍吸引，诱发学生能自觉主动地又满怀期待地开始阅读。再次，在读的过程中，我会精心设计推进活动，引导学生将整本书读得细致，在自己感兴趣的地方能多品味。比如，学生在阅读伊林《十万个为什么》的时候，我设计了一个"知识竞答"的模拟比赛。比赛现场，必答、一对一抢答和自由回答等方式不仅让学生感到既紧张又兴奋，又能很好地进行现场的团队合作，情境性、实践性很强。通过这一活动的推进，学生对这本书的阅读热情更加高昂、持久，摩拳擦掌期待再一次的比赛。最后的阅读分享，我一般会让学生选择自己喜欢的方式进行分享，比如朗读、读后感集、情景剧、快板、电影配音、专题演讲等等。每一次整本书的汇报分享都成了学生翘首以盼的大事。他们在汇报中尽情施展才华，小组合作，过足了表现的瘾。

有趣的活动开展会让他们在这一本本书的阅读中，一次次的汇报交流中爱上阅读，进而视阅读如生命。活动本身不是目的，通过活动得以激发学生兴趣，推进阅读的深入持久，进而养成良好的阅读习惯，有成为终身阅读者的可能才是真正的目的。

2.规划长线活动，全程松弛有度

阅读应该是终身的，只有阅读本身对人的发展才有永不懈怠的原动力。因此对阅读的热爱，学生良好阅读习惯的养成不是一时发奋，不是一日一月或一年的"三更灯火五更鸡"的勤奋就能达成的事。阅读应该是一个"慢慢走，欣赏啊"的娴雅的过程，应该是一个"苟日新，日日新"的发现的过程，应该是一个心灵不断轻盈的过程。我在引导学生阅读的过程中设计了很多长线活动，以期在一个相对长周期的活动里既能让学生读更多有意思的书，也能经由时间帮助他们去养成和巩固阅读习惯。所谓长线，有很多限制因素，最显著的就是我执教同一个班级学生的周期。我带班，短则两年，长则六年。对于慢养语文课程的实施最理想的自然是六年，可是现实有很多原因会导致很多时候无法带完六年，但是无论多长时间我都会认真去做长线活动这件事。规划长线活动最常见的是时间维度。时间维度，顾名思义就是以时间长短来设计的阅读活动。比如：午间阅读，睡前十分钟，阅读接力赛等。此外还有围绕时间来规划的同读一本书过程陪伴，同一个阅读主题演讲时长及周期等。

午间阅读和睡前十分钟阅读活动主要是在一个相对固定时间里开展的阅读活动。心理学研究表明，阅读是一件必须具身体验的事，因此长期固定的时间去做同一件事情会形成身体的一种记忆，而身体触碰书本的愉悦感，阅读带来的领悟快感都会让人产生对固定对象的依赖。这有利于帮助学生养成良好的阅读习惯，并能在无人鼓励监督的情况下形成长期自觉。

阅读接力赛。它不是整本书阅读进度接力，而是时间的接力，是自由阅读时光的记载。我会在班级里放一个漂亮的软面本，每天学生来上学后会在他们合适的时间里，翻开记录本随手记录自己前一天自由阅读的时间和对阅读书籍三两句感受。每天我都会选择部分记录在班级读一读，在群里晒一晒，每天的记录我都会以积分的形式鼓励。小学生培养阶段的阅读热情需要活动维系，需要鼓励加油。长期阅读活动的开展，自然需要长期评价，因此活动要更日常化，易于操作，评价要更常态化，但更需坚持性。阅读接力中的时间记录，不需要很精准，模糊记录即可，其实是为了鼓励他们日日读书，每天思考，形成自觉，养成习惯。当阅读成为学生的一种生活就不可能只在固定时间发生。生活因为有一些碎片的时间，有一些临时空闲时段的阅读而迷人。这些时间里做什么事完全随个人心意，如果学生自觉把这样的时光用来阅读，闲适地随兴地阅读，我想那真是一件太美好的事。阅读接力，鼓励的正是这样的阅读，分享的正是这样阅读心境中那些如珠如贝的非常感性的领悟。阅读接力其实接力的是一种阅读生活。让阅读成为一种生活，身体的依赖，心灵力量的汲取缺一不可。

同一阅读主题演讲。这个活动一个主题演讲周期主要以班级人数为参照，一天一位学生演讲，确保人人都参与。演讲的主题主要决定于阅读的书籍，大主题统一，小视角自定，给予学生足够的自由选择空间，鼓励多维度表达。至于演讲时长一般3—5分钟。

3.学生自能完成不同时段内读书的规划

每个人的兴趣喜好都会不同，就像这世界上没有两片完全相同的树叶。因此，我们在做课外阅读推荐的时候留足时间、空间给学生，鼓励学生在完成必读书目后，根据自己的兴趣爱好自由选择书籍阅读。一般我会在三年级就开始引导鼓励学生对自由选择阅读书籍有一个小小规划。比如，以半学期为单位，规划好自己想读的书。四年级我开始有意识引导学生以一个相对的大主题来规划自己的半学期阅读，比如神话主题、童话主题、科幻主题、历史主题、漫游主题、天文主题、校园主题等。鼓励学生围绕自己喜欢的主题选择阅读的书籍，再想想四到五个月时间你大概可以读几本书？要量力而行，不一味贪多。大主题下阅读哪些书籍是一个选择，选择至关重要。我不会干预，但是会鼓励他们上网搜索，书店实地翻阅，听同学、老师或长辈推荐等，经历一个视野开阔的了解，然后再慎重选择。慢慢阅读，读经典，读好的东西才会慢慢有内涵、有眼光、有品位。

在学生学习规划自己阅读的过程中我还会提供舞台供他们分享交流。其实这也是一种相互学习、相互启发，一起提高的过程。同时也是教师鼓励引领，形成氛围的过程。方式主要是自己申报，我提供时间。频率不高，每月次数不等，但是一定是月月都有的。印象特别深刻的是2012年，学生小郁，一个特别淘气的男孩子，对一切都很好奇的男孩子，他申请分享。那天绝对是我的一次跨学科学习。小郁分享的是他关于汽车发动机主题的阅读群。20分钟演讲，流畅从容，从发动机型号、功能、产地，到不同汽车的发动机配置，甚至在路上他听到发动机的轰鸣声就能判断发动机的配置，如此等等，如数家珍，配合演讲的课件精美。事后了解所有都是他一个人的准备。我在现场，我有点恍惚我所在的地方，我震惊地看着台上那个神采飞扬的孩子。讲完，有几十秒的安静，然后掌声雷动。自此，他带动了班里一个小分队的学生迷上了汽车发动机。2015年，一个高高的女孩陶冉为我们带来了关于鹦鹉的主题阅读，十二个字概括：门类繁多，思路清晰，讲述生动。这些主题活动的开展对于学生来说既是分享，更是兴趣的激发，也是一种高品位阅读生活的引领。

三、智慧：慢养语文润育终身阅读者的个性体悟

所谓个性体悟，即个体在阅读实践中由于身心的参与、探索而获得的个人感悟。学生通过阅读获得的个性体悟真所谓"一千个读者就有一千个哈姆雷特"。这一个性体悟最明显的特征就是它的情境性、实践性和独特性。

情境性。首先，这里的个性体悟是在阅读中获得的，阅读是一种身心沉浸的旅程，即阅读本身就是一个情境。其次，这样的个性体悟是以一定的情节为支撑，以特定环境里人物活动与交流为前提，因此它必然是在情境中才有产生的可能性。再次，任何一种阅读其实都是阅读与生活的一种真实或假想情境的融入。生活本身就是一个大情境。客观说，人的理解体悟都是基于本身已有经验。有人说：人看见的都是自己愿意看见的。也就是说，一般情况下人是经验的产物，至少人被经验所束缚。突破经验就意味着突破自我，意味着创新。

实践性。阅读本身就是一种实践，一种具身体验。学生在阅读中勾画圈点，在阅读中联想生活，在阅读中看到自己，在阅读中豁然领悟，在阅读中被召唤，在阅读中丰富自己、发展自己。一切都是源于阅读这样一种付诸行动的实践。阅读的实践还指引着、诞生着很多连环实践活动。比如，跟着阅读去旅行，那是身体的旅行，更是心灵的丰满。比如，主题性阅读的实践研究，再比如最常见的读后感写作，情景剧表演等，无一不是因阅读而产生的实践活动。

独特性。个性体悟，因其个性而独特。所谓个性，有广义与狭义之分，百度百科狭义的解释是："通常指个人心理面貌中与共性相对的个别性，即个人独具的心理特征。""个人所以有别于他人的行为。"由

这一定义也可见独特所给予个性体悟的显著特征。就西方心理学界研究的总体而言，它特别强调个人独特性的定义。就现实而言，每个人因为其生活经历不同，家庭环境不同，个人兴趣不同，身心发展不同，阅读背景不同等，在阅读同一本书的过程中所产生的体验必然是不同的。鲁迅先生曾说过："一部红楼梦，道学家看到了淫，经学家看到了易，才子佳人看到了缠绵，革命家看到了排满，流言家看到了宫闱秘事。"[①]儿童是未长大的人，他们在阅读中对同一本书的关注点同样异彩纷呈，所产生的体验同样也会别具个性。比如，在阅读《小英雄雨来》时，有的学生向往雨来的英雄气概，有的学生喜欢雨来高超的游泳本领，有的则喜欢一群小伙伴每天无忧无虑、自由玩耍的时光。大家不同，大家都好！分享交流也因体验的独特而扣人心弦，而愉悦欢快。

承认并尊重学生的个性体悟，慢养语文课程才有可能润育儿童智慧。因此在阅读中我们重视学生的独特体验，不仅提供学生各种机会交流分享他们的个性体悟，更注重给予学生产生个性体悟的时间和空间，培育让个性体悟张扬的班级文化氛围。

（一）在自主阅读中润育学生的个性体悟

在长期的整本书阅读实践中，我发现一个不争的事实，让学生读一本书容易，但是产生个性体悟太难。学生往往满足于读过了，满足于情节的复述，满足于非常感性的情绪，用一种无区别的感动、喜欢或憎恨来简单表达自己的感受。或许有的学生内心会有一种朦胧独特感受的萌芽，但是因为一种长期被动"感受"的惯性思维，读书后很少有学生会去真正关注自己内心的那点萌动，关注那些非常个人的感受。换言之，他们长期被各类专家，各种书籍，各种推销的评论所影响，于是为了不出错，他们选择沉默，选择忽视，不敢也不愿表达自己的个性体悟。

长此以往，他们放弃的就不是关于一本书的个性体悟，而是一个人思考的习惯，思维的发展，一个人思想的成长。那么，我们培养的就只

① 鲁迅：《鲁迅全集－集外集拾遗补编·小引》，人民文学出版社 2022 年版。

是一个装载知识的容器。我们花了那么长时间，那么多精力去培养的只能是一个通俗意义上的书呆子。读书好，但是不能读死书。读书的意义在于丰富人的精神世界，让人具有思想的独立，精神的独立，不会人云亦云，不为别人言论所左右。他们在纷纭复杂的世事中，在叫嚣喧闹的言论中依然能够保持思想的清明，人格的独立。这才应该是读书要完成的最美好的使命。

我在慢养语文课程的实施中，在阅读的引领中始终坚持阅读的自主，自主地阅读。这样表达不是文字的游戏，而是一种思想的宣告，一种行动的信仰。

自主阅读就是要以学生自能主动地阅读为核心。"这必然摒弃教师机械地教，简单地告诉和无意义地训练。""自主阅读的境界是自由，其意义分为三层：自觉、主动和创造。"自主阅读是一种能力，形成这种能力自然需要过程。自主阅读能力一旦形成，惠泽学生的不仅仅是一时阅读质量的提升，不仅仅是语文成绩的提升，更是给予了学生带得走的智慧，是学生一生的财富，是润育终身阅读者的基础。在自主阅读中学生自觉运用课堂所学进行实践，在运用中主动结合自己的理解和经验，主动学以致用，提升自己的核心素养。如此，学生不仅想高质量完成自主阅读，还具备了高质量完成自主阅读的能力，并且愿意主动去把书读深读透。说白了就是核心素养所包含的价值观念、关键能力和必备品格同时得到了提升。

自主阅读让学生享受着自由阅读带来的成就感。自由是每一个人的向往。自由的向往首先是身体的自由，更深层次的是心灵的自由。身心自由是一个人最好的状态。自主阅读兼具两者。自主选择阅读的时间，阅读的方法，自主决定阅读的进度，自主感悟书中内容，感悟的多或少，广或窄，无人强求，全随心意。身心自由的阅读带来的身体快感就是连呼吸都是美好的，也因此思维会更加活跃，感悟也会更具个性、更加灵动。

自主阅读让学生享受着个性体悟带来的快意感。自主阅读的无干预性意味着无被动影响，意味着有产生个性体悟的空间。这样的自主阅读所产生的个性体悟源自生活与个体经验，发自内心，带着浓重的个性色彩。学生会自认为极具创意，会让少年瞬间生出一种自由酣畅之感，内心鼓动着满满的成就感，甚至会生出一种"舍我其谁"的雄壮的自信，瞬间觉得整个人都飘飘欲仙了，这就是快意感。这样极具个性的快意阅读、快意体悟才会导引着学生产生一种继续阅读、深度阅读的渴望。

自主阅读让学生享受着平等交流带来的回味感。心理学研究表明，人非常乐于分享自己成功的体验。而自主阅读的经历以及所获得的个性体悟，教师如果不能及时创造分享交流的机会，他们思考的激情和个性体悟就会慢慢消逝。时间久了，自主阅读就只剩下慵懒的、随意的翻阅。因此，及时创造平台，给出时间，让他们自由交流，彼此碰撞，让他们享受分享的喜悦，享受成功的快感，同时也享受着别人的思考，打开自己的思维，丰富自己的收获。

（二）探寻体现个性的智慧阅读体悟方式

个性体悟需要具身体验，需要关注内心，需要思维与语言在场，更需要一定的方式方法自主完成阅读才有产生的可能。自主阅读，自己做主阅读什么，自己主动阅读，自己能够独立完成阅读。自主阅读的质量直接影响着个性体悟的质量。可以这么说，没有个性阅读体悟方式支撑的自主阅读是无法追求质量的，而没有质量的所谓自主阅读是不可能产生真正的个性体悟的。反观，个性的体悟方式可以让自主阅读更深入、更具吸引力，而个性体悟也在以个性的方式回馈着自主阅读，激发着学生自主阅读的兴趣，提升了学生自主阅读的能力。（见图4-2）

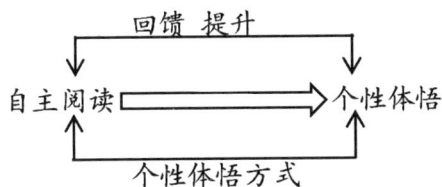

图4-2 自主阅读、个性体悟方式与个性体悟的关系

基于这样的认识，我始终孜孜探寻能体现学生个性的智慧阅读体悟方式。在多年的研究与实践，改进与实践的无限循环过程中，我有了一些独特的心得。应该说这个漫长的探寻过程本身也是自主阅读不断演进的过程，因此我也想以剖析自我思考实践路径的方式来分享我的收获。

自主阅读是一个阅读方式，记得我是在1998年就已经开始关注并申报了这样一个市级课题，历时三年终于结题。现在反思当年的研究实践虽然稚嫩，但是我踏出了可贵的第一步，并完成了论文《"自读自悟式"小学语文教学模式的构建》，发表于1999年《小学语文教学》期刊上。此后一直到今天，自主阅读应该说成了我课堂教学方式和课外学生阅读的主要方式之一。也因此我始终密切关注着这方面的研究成果，观察了很多语文课上教师对这种方式的使用。在审视中反思，在比较中清晰，在完善中深入，在实践中收获。数十年的探寻，让我的学生自主阅读能力在不断完善的追求中得到越来越显著的提升。

1.课内力求多种阅读方式的学习运用，以供实践选用

方法是能力的核心，没有方法就不可能提升学生的自主阅读能力。尤其是当自主阅读担当起帮助学生获得个性体悟的责任时。于是，在阅读课堂教学中，这一阅读取向直接影响了我的课堂教学方式。刘勰认为："是以将阅文情，先标六观:一观位体，二观置辞，三观通变，四观奇正，五观事义，六观宫商。斯术既形，则优劣见矣。"①其中"观位体"也就是看作者对文学(文章)体裁的选用，体裁是作品内容的外在表现形式，与作者的情感有密切的关系。根据不同体裁的文章设计不同的阅读方式，并在学习中强化运用，在结合拓展文本中放手运用成了我的课堂常态。自主阅读是一种能力，能力是需要训练才能获得的。训练的方式不仅仅是告诉，更是要让学生在真实情境中真实运用、反复运用，才能将方法化为能力。

研究中，我们充分利用教材单元，在一类体裁的文本学完后，我会

---

① 刘勰:《文心雕龙》，中华书局 2012 年版，第 277 页。

安排一节课时间用以总结回顾阅读方式，并适当通过选文片段加以复习巩固。这样的安排一为强化学生用语文的方式学语文的意识，二为强化学生认识到不同体裁的文章阅读方式是不同的，以免他们用一种方法包读所有文本。三为学生积累阅读方式，以供自主阅读时选用。

2.让学生学会反思，在阅读的不同阶段"三问"促自主、达体悟

自主阅读就是以学生的自觉自能阅读为主，无人监督，无人提醒。那么这种阅读状态下如何确保学生自觉自省自主阅读的效果和体悟的独到呢？我多年来一直引导学生学会反思自主阅读能力感性发展的状况。让学生对自己这一篇、这一本的自主阅读与上一篇、上一本的自主阅读状态、效果和个性体悟进行自我描述性评价。通过这种评价反思，敦促学生认识自己，并能自觉去提升自主阅读的能力。在自主阅读过程中一般我会建议学生使用追问的方式去进行过程的自我督促和评价。

"我自主读懂了这本书的内容了吗？重点部分如何理解？""我用了哪些阅读方式？哪一种我觉得比较合适？""我有了哪些个性体悟？它们是同一纬度的吗？"这三个问题逐步深入，自主阅读理解内容是前提，自主探索阅读方式是路径，产生个性化体悟是目的。换一种角度看，自主阅读与自主探索本身就是目的。这三问每一问都是套环式的，从宽泛的追问到细致的反思兼顾，更能促进学生能力的提升，体悟的个性化。"我自主读懂了这本书的内容了吗？重点部分如何理解？"如果这本书的概述还可以看简介，那么重点部分的理解必然是切实的。这面临两个自我理解，即重点部分是哪里？重点部分主要讲了什么？个性化体悟内含着对内容的多元认知与解读。"我用了哪些阅读方式？哪一种我觉得比较合适？"阅读方式的选择是一个艰难的过程，整本书的阅读也不可能只用一种方式。因此回顾自己读这本书时所选择的阅读方式和用得纯熟的一种，其实这是在运用之后的一种沉淀，意在帮助自己将其化为己有，也是对自己自觉运用阅读方式的一种承认、一种鼓励。王先霈和王又平都认为："有能力的读者不知不觉地将这些惯例和准则吸收

进他们的阅读经验，而对阅读具有制约作用，使得读者解释作品的半自觉活动成为可能。"[①]"我有了哪些个性体悟？它们是同一维度的吗？"这一问关注学生体验的个性化，关注体验的多元化。它意在帮助学生不断深挖自己的内心体验，挣脱藩篱，打开思维，追求思想的独特性，体悟的创意性。

3.组团通关，冲击个性体悟的巅峰对决

我在新课标颁布后与2011版《义务教育语文课程标准》进行比较时，统计过【阅读与鉴赏】版块中"讨论"这一学习方式出现的次数。2011年语文课程标准出现了17次。2022年语文课程标准出现了27次。"学段要求"中仅仅一个【阅读与鉴赏】里就比旧版《课标》增加了10次，我觉得新的课改是想把这一学习方式建设成课堂的一种常态，呈现出常态的自主、合作、探究的学习方式。在探寻个性的智慧阅读体悟方式中自然不能忽视这一学习方式，但是在实践中如何用好这一方式，令其个性的体悟方式更好为产生个性体悟服务呢？我采用的是任务驱动，目标引领，组团通关的途径。这样的方式主要是想让学生能在团队的合作讨论中互相碰撞，互相启发，产生更合适的个性体悟方式，增强团队的通关能力。

创意高峰的评价标准我是从三个方面来制定的：一是组名与阅读对象的创意连接程度；二是团队讨论交流时的视频分享并请评委团打分，主要考核讨论的融洽度、有效度；三是个性体悟的语言表达以及内容的丰富性、独创性和多元性；四是上台交流的仪表风度。在实践中，根据这一标准，首先是组团，因为是自主阅读，组团自然也是自由的，但是规定每个团队不少于六人，分设组长、协调员、评论员和代言人，代言人须2人以上，且不得和其他角色重复。其次便是集中讨论交流，这种讨论交流的次数不少于2次，时间地点自定，录制人员自主聘请。

完成讨论后要上交初步整理的个性体悟稿。接着是细化并美化个性

[①] 王先霈、王又平主编：《文学批评术语词典》，上海文艺出版社1999年版。

体悟稿件，进行制作和预演。最后在我统一规定的时间内进行小组编号抽签决定上场顺序，开始巅峰对决。评委有我聘请本教研组老师参加。（评价表见表4-5）对决的结果当场公布，当场颁奖，确保公开公正透明，给学生创造一次美好的人生经历。

表4-5 个性体悟分享"巅峰对决"评分表

评分项目	评价细则	分值	评分
组名创意	1.组名与阅读对象的联系紧密且创意精妙。 2.组名与阅读对象的有联系，有创意。 3.组名与阅读对象的有联系，缺乏创意。	20	
讨论视频	1.讨论有显著结果，组员之间互相尊重，气氛融洽。 2.讨论有结果，组员能积极参与，气氛较融洽。 3.讨论结果不理想，组员没有充分参与，气氛沉闷。	20	
个性体悟	1.个性体悟的分享语言生动，表达清晰，内容丰富、独特且各具特色。 2.个性体悟的分享语言较生动，表达较清晰，内容丰富，较独特，欠多元。 3.个性体悟的分享语言平淡，表达不够清晰，内容重复较多，欠多元。	40	
仪表风度	1.普通话标准，衣着整齐，谦恭有礼，声音响亮，落落大方。 2.普通话标准，衣着整齐，较为有礼貌，声音响亮。 3.普通话标准，衣着较为整齐，礼貌一般，声音较为响亮。	20	
评委签名		100	

（三）创建"互联网+慢养语文"智慧阅读体悟平台

新课标"教学建议"里提出："关注互联网时代语文生活的变化，探索语文教与学方式的变革。"在这一建议里还指出：积极利用网络资源平台拓展学习空间，丰富学习资源，整合多种媒介的学习内容，提供多层面、多角度的阅读、表达和交流的机会，促进师生在语文学习中的多元互动。充分利用网络平台和信息技术工具，支持学生开展自主、合作、探究性学习，为学生的个性化、创造性学习提供条件。学习这一建议，回顾慢养语文的发展历程，我庆幸自己一直注重互联网+平台的建设。

1. 互联网+慢养语文博客平台

2010年是值得我记忆的一年。这一年我自己在新浪开了博客。同时我也为班级学生开了习作分享和名家散文批注展示分享的博客。这个平台全体学生共有，密码对全体学生开放，但制订了密码使用的规则，并随时结合平台使用情况调整，我在班级群里随时提醒家长规范使用平台，要求上传的作品必须是学生的，其余一概谢绝。开通博客三年，累计分享习作1230篇，名家散文批注每学期展示8次，计2000余篇。这成了学生三年来学习、展示、交流的开放平台，大大拓宽了学生学习的界域，同时多媒介学习的即时性、跨越性也为学生提供了多维的思考与写作启发，让学生的思维异常活跃。2014年任教新的班级时，除了对上一届博客保持开放，给学生提供更多欣赏同龄人作品的机会，又新开了班级博客"绿草地"。它不仅用来展示分享习作和批注，还用来展示慢养课程的学生其他作品。比如，课文朗读、诗歌背诵的视频、音频分享，优秀书籍的推介等。两年共分享了各类学生学习成果2593篇。同时，我也利用这个平台让学生分享阅读的个性体悟。考虑到方便学生操作，我一般会按学号先后顺序排好学生发招募个性体悟帖的顺序，在读完一本书后无须提醒，下一位同学就会率先发起招募帖，然后其余同学只需要在后面跟帖来展示自己的个性体悟即可。长则几百字，上千字也有，短则三五行，一两百字的也行。不写文字只发音频也可以。总之，重在体悟，重在独特。记得在读《假如给我三天光明》这本书后的个性体悟跟帖断断续续持续了两个多月，很多同学反复跟帖。有多次分享自己的个性体悟的，有受同学启发再次跟帖的，也有对同学个性体悟单纯评价的。最后竟建起了一座高达三百余层的"帖楼"。

2. 互联网+慢养语文公众号

随着互联网的不断发展，2019年，我将平台移植到了公众号。这样便于随时阅读，随时更新。"慢养语文"的公众号篇首我这样写道："语文是慢养出来的，营养、滋养、修养、素养、涵养，等等。养出来的语文水色充足，明眸皓齿；养出来的语文山不惊，水不动，但是眉眼盈盈处都是无限风景；养出来的语文温润醇厚，让人听着欲罢不能，看着爱不释手，心里眼里都是向往。"这是我的向往，我的追求。就是这一平台在疫情期间成了连接我和学生之间的纽带。在2020年2月—4月，平台及时发布了7篇公众号学生作品合集，其中包括战役情文集四季，和居家防疫期间师生一次互动合集。这一合集后来还被《七彩语文》杂志做成了专栏。每一篇文字都是学生心灵的写照，都是学生对真实生活的个性体悟。由于发布及时，学生居家也能及时分享到同学独特的个性体悟。一般发布当天，班级群里对体悟的交流都会异常热烈，彼此欣赏，彼此启发，就连我的直播网课也会经常被他们争着用来朗读自己欣赏的同学文字。这不但为学生稍嫌孤寂的居家生活带来了愉悦，而且也让他们获得了身心的健康成长。

3. 互联网+慢养语文小视频

个性体悟绝不仅仅限于阅读过后的感受，语文就是生活，因此它应该囊括语文学习的全部内容。每年我们都会安排饶有趣味的语文社会实践活动，让学生在不同的活动中增长见识，锻炼能力，缅怀传统，感受时代的变化，为语文的学习注入更多的源头活水。我们曾先后做过"栀子花开的六月""金陵书香""给某 某的一封信""南京电影院""颐和春夏""穿越南京"等活动。每一次活动我都会鼓励学生用相机、手机等信息工具去拍摄自己觉得有意思的、难忘的镜头。2020年，学生在分组穿越南京的活动中，其中一个小组由于规划不足，半途经费不够了。他们在饥饿难耐的情况下自谋出路，沿途开始想办法筹集费用。在设摊表演京剧清唱时挣得经费80元，在用随身物品临时做起跳蚤市场时又获利30元。这些有意义的镜头被一个个小视频记录了下来。学生及时传给我后，我简单处理便立即将其发到了班级群，其他小组的成员受此启发，也纷纷自谋出路。这是一次穿越南京的实践之旅，也是学生的一次人生实践课。他们在实践中感受到规划的重要性，专长学习的重要性，也真正体会了一把生活不易。活动结束，我觉得学生已经很累了，没有要求他们写活动感受，但是当班级群里传来第一个团队绘声绘色地讲述经历的小视频后，八个小组也在不同时段发布了自己更为精彩的讲述，妙趣横生而又充满智慧。

以慢养语文润育终身阅读者，这是慢养语文的卓越追求，也是我作为一个语文老师的主体担当。慢养语文，没有汩汩涌动的师爱，没有乐此不疲地付出，没有永不停歇地学习，没有一份悲悯的教育情怀，便无法实现。

铃声响了，我的慢养语文课堂开始了，就此搁笔。

参考文献

[1]学记[M].高时良,编著.北京：人民教育出版社，1982.

[2]怀特海.教育的目的[M].徐汝舟译.北京：生活·读书·新知三联书店，2002.

[3]钟启泉.核心素养十讲[M].福建：福建教育出版社，2019.

[4]义务教育语文课程标准（2022版）[M].北京：北京师范大学出版社.2022.

[5]王月芬.重构作业—课程视域下的单元作业[M].北京：教育科学出版社，2021.

[6]王荣生.阅读教学的设计要诀[M].北京：中国轻工业出版社，2019.

[7]杜威.民主主义与教育[M].王承绪译.北京：人民教育出版社，2001.

[8]张文质.生命化教育的责任与梦想[M].上海.华东师范大学出版社，2006.

[9]杨小微. 期待一种从容、舒缓、优雅的教育[J]. 江苏教育：教育管理，2010(35).

[10]张文质. 教育是慢的艺术[M]. 上海.华东师范大学出版社.2022.

[11]叶浩生. 认知与身体：理论心理学的视角[J]. 心理学报45卷，2013(4).

[12]许红梅，马玉霞，周春玲主编. 教育学. [M].哈尔滨市：哈尔滨工程大学出版社，2010.09.

[13]张爱玲.张爱玲全集09.红楼梦魇[M].北京：北京十月文艺出版社,2019.

[14]王先霈.文学文本细读讲演录[M].桂林：广西师范大学出版社，2006.

[15]孙绍振.如是解读作品[M].福州：福建教育出版社，2007.

[16]张浩，吴秀娟.深度学习的内涵及认知理论基础探析[J].中国电化教育2012(10)：7-13.

[17]鲁仲连.语言学习的方法论.https://zhuanlan.zhihu.com/p/165247520.

[18]潘新和.语文教学的新范式：写作本位——走向以写促读，以写带读，写读互动[J]语文教学通讯c,2011(9):1

[19]戴正兴.2017年语文课程改革看点聚焦[J].教学月刊（小学版）语文.2017(12).4-9.

[20]崔峦.谈核心素养和语文学科素养[J].小学语文教师.2017(3).20-21.

[21]于金龙."快跑者"的"慢教育"[J].中国教育报，2015.7.14

[22]胡适.胡适口述自传[M].唐德刚译注.上海：华东师范大学出版社，1993.

[23]傅雷.朱梅馥.傅雷家书[M].傅敏编.天津：天津社会科学院出版社，2014.

[24]朱自清.经典常谈[M].北京：中华书局，2016.

[25]鲁迅.鲁迅全集-集外集拾遗补编·小引[M].北京：人民文学出版社，2022

[26]王先霈.王又平.文学批评术语词典[M].上海：上海文艺出版社，1999.

[27]钟启泉.课堂革命[M].江苏：江苏人民出版社，江苏凤凰美术出版社，2017.

[28]丹尼斯·沃克拉迪.美国教学创意手册[M].励志翻译社.集体译.陕西：陕西师范大学出版社，2001.

[29]克努兹·伊列雷斯.我们如何学习—全视角学习理论[M].孙玫璐译.北京：教育科学出版社，2019.

[30]皮亚杰.皮亚杰教育论著选（第二版）[M].卢濬译.北京：人民教育出

版社，2015.

[31]联合国教科文组织国际教育发展委员会.学会生存.教育世界的今天和明天[M]华东师范大学比较教育研究所译.北京：教育科学出版社，2017.

[32]刘徽.大概念教学：素养导向的单元整体设计[M].北京：教育科学出版社，2022.

[33]吉姆·崔利斯.朗读手册[M].梅莉译.北京：新星出版社，2016.

[34]苏霍姆林斯基.给教师的一百条建议[M].周蕖.王义高.刘启娴.董友.张德广译.湖北：长江文艺出版社.2014.

[35]陶行知教育名篇精选[M].周洪宇编.福建：福建教育出版社，2019.

[36]周国平.把心安顿好浙江：浙江人民出版社.2020.

[37]格雷格·托波.游戏改变教育[M].何威、褚萌萌译.上海：华东师范大学.2017.

[38]贾卉.若水　小学语文教学的自然之道[M].南京：南京大学出版社.2010.

[39]古文观止[M].钟雷主编.黑龙江：哈尔滨出版社。2006.

[40]周振甫.教给孩子的古文课[M].北京：中信出版社.2016.

[41]世说新语[M].沈海波译注.北京：中华书局.2013.

[42]论语[M].刘兆伟译注.北京；人民教育出版社.2015.

[43]大学.中庸[M].王国轩译注.北京：中华书局.2016.

[44]叶圣陶.叶圣陶语文教育论集[M].北京：教育科学出版社.2019.

[45]刘勰.文心雕龙.知音[M].王志彬译注.北京：中华书局，2012.

后　记

今天，当我敲完这本书最后一个标点符号时，我长舒了一口气，如释重负，又莫名欣喜。

2011年，我为自己多年的语文研究撰写了第一本书《若水　小学语文教学的自然之道》。此后十几年的时间里，我很想为自己的语文研究再写一本书。原因很简单，因为个人觉得现在我对教育的理解更多元开放了，对语文的理解也跨越了感性，走向了一个相对平衡的境界，对学生也更包容亲爱了，而我一直坚持的研究也在不断创新实践中有了很多新的成果。但是，我却一直没有下定决心来写，一直被自己以各种各样的借口拖延着。我是一个一线老师，一直觉得，甚至顽固觉得一个教师的时间只有花在学生身上才是有价值的，写作不是我的专业。我喜欢进课堂，和学生在一起，那些鲜活的生命、鲜活的思维和语言令我迷醉。我喜欢阅读，各类书籍都喜欢，并且一读就入了迷。对于教材上的文本，每当在解读中有新的发现就会让我成就感满满。我喜欢批改学生的习作，和他们在文字中进行着精神的交流。每当翻阅他们的作业本，欣赏着他们工整的字迹，干净的本面时身为老师的骄傲油然而生。我喜欢为他们去选择适合的诗歌、文言文和散文，喜欢去书店和网站阅读浏览儿童作品，为他们提供优秀的读物，喜欢为他们设计各种让思维和语言共舞的作业，包括各种有趣的活动，等等。因此，拖拉十几年也就不足为怪了！有鉴于此，最终竟能这么顺利成书，我觉得要特别感谢南京晓庄学院的提议和雷厉风行地支持。于是，我觉得无论如何都不能再拖延，是时候坐下来写这本书了。

这本书用于撰写的时间不算长，从书稿议定到撰写、修改用了不到四个月的时间。撰书期间我能心无旁骛地写作要特别感谢家人的鼎力支持！此外，这本书能有这样的写作速度，我想用"厚积薄发"这个词来形容是最合适不过的了。因为这一研究的过程是漫长的，从二十世纪九十年代后半期就开始起步，一直到今时今日，期间经历了两次《语文课程标准》的颁布和修订。在这二十几年的研究探索中，我不断反思、调整、提炼，并积极撰稿发表，注意扩大研究成果的辐射引领，踏踏实实地践行着研究服务教学，服务学生的宗旨。在这一过程中，我积累了大量的资料和成果。有学生背诵积累内容的选编，多年来学生文集的复印件，各类活动的现场照片和音频、视频，各种活动以及文集的策划方案，开发的课堂教学案例，改编的课本剧剧本，各种评价和调查表格，学生习作的成长袋，课外阅读的读后感接力，抄写诗歌的书法作品，等等。二十余年积累的资料整理起来是一件非常不容易的事情。为了写作的顺利开展，我没日没夜地按年份推进，按内容分类进行了近一个星期的整理工作。看着被整理得整整齐齐的资料，我就像看到了这么多年每一次研究活动的现场，每一次活动后收集资料的场景，历历在目。我真的觉得很满足、很开心。如今，这本书是写出来了，但是这些资料还会继续被保存，因为对于我，它是我教育教学生活的一部分，是我珍贵的记忆。

我很认真，也很慎重地完成了这本书的撰写，但是它依然会有很多有待进一步研究完善之处。研究无止境，学习不停步，因此也恳请读者多提宝贵意见。

2022 年 10 月 7 日下午于云林小隐